中国金融稳定报告
China Financial Stability Report
2011

中国人民银行金融稳定分析小组

中国金融出版社

中国人民银行金融稳定分析小组

组　长：刘士余

成　员（以姓氏笔画为序）：

王　煜　刘争鸣　孙　平　张　涛
张晓慧　张健华　李　波　陈　志
邵伏军　欧阳卫民　周学东　胡学好
宣昌能　黄红元　龚明华　盛松成
谢　多　熊志国

《中国金融稳定报告2011》指导小组

李　勇　王兆星　庄心一　杨明生

《中国金融稳定报告2011》编写组

总　纂：宣昌能　孙　平

统　稿：杨　柳

执　笔：第一章：李　斌　纪　敏　马凌霄　张　赶　钟子明　席　钰

第二章：郭大勇　欧阳昌民　赵　民　王　楠　熊莲花　洪　波　姚　斌　闫丽娟　李　超　赵冰喆

第三章：孟　辉　李敏波　杨金成

第四章：李　妍　王少群　陈　敏

第五章：王丽明　杜海均　朱吟琰　汤莹玮　刘延明　宋玮玮

第六章：刘　珂　陈　浩　翟　春

第七章：邓志坚　李文勇　孙　毅　占　硕　师永彦　董建斌

第八章：杨　柳　张甜甜　王　湏　汪　洋　贾彦东

专题一：陶　玲　谢　丹　钱谱丰　陈团廷

专题二：赵冰喆

附录一：赵　民

其他参与写作人员（以姓氏笔画为序）：

于明星　王　聪　王素珍　王新东　邓启峰　刘贝贝　许康玮　李　朋　陈建新　林文顺　季　军　周正清　胡　平　夏江山　梁勤星　葛康泽　温茹春

内 容 摘 要

2010年是国内外经济金融形势复杂多变的一年，全球经济持续复苏，但各经济体表现不均衡。中国经济继续朝宏观调控的预期方向发展，金融业改革成效显著，整体抗风险能力进一步增强，金融市场平稳健康发展，政府、企业和住户部门财务状况总体较好，金融基础设施建设稳步推进，金融体系稳健运行。同时，全球经济不稳定、不确定因素仍然较多，欧元区主权债务危机持续产生负面影响，国际金融市场持续震荡，大宗商品价格高位运行，国内通货膨胀压力明显加大，金融体系潜在风险仍然存在，维护金融稳定面临新的挑战。

宏观经济总体良好。2010年，我国继续实施积极的财政政策和适度宽松的货币政策，经济实现平稳较快增长，经济结构进一步优化。国内需求增长动力强劲，外部需求逐步改善。财政收入增速较快，用于民生和"三农"的财政支出大幅增加。物价上涨较快，通货膨胀预期增强。房地产市场调控力度加大，房价涨势趋缓。货币信贷逐步向常态回归，汇率形成机制改革进一步推进。当前，我国经济运行中一些长期问题和短期问题交织，体制性矛盾和结构性矛盾并存，宏观调控难度加大。下一阶段，要实施积极的财政政策和稳健的货币政策，注重从社会融资总量的角度衡量金融对经济的支持力度，加快构建逆周期的金融宏观审慎管理制度框架，加快转变经济发展方式，提升经济增长内生动力。

银行业认真贯彻宏观调控政策，继续优化信贷结构，整体运行稳健。金融机构资产负债规模持续扩大，资产质量不断提高，拨备覆盖率高位提升，资本充足水平保持稳定，中间业务收入绝对量大幅增加，存贷比与上年基本持平，流动性较为充足。金融机构改革成效显著，综合经营和金融创新取得新进展。银行业信贷总量和结构日趋合理，涉农贷款和小企业贷款占比有所提高。稳健性标准和监管水平进一步提升，风险管理和危机应对能力显著增强。但存款活期化和贷款长期化趋势明显，期限错配风险有所加大，贷款集中度较高的问题仍然存在，风险管控仍需进一步加强。下一阶段，要落实好稳健的货币政策，继续深化改革，加强宏观审慎管理，强化杠杆率监管，完善资本补充和约束机制，着力防范和化解重点领域潜在风险，全面提升银行业综合实力和整体抗风险能力。

证券期货业健康发展，证券经营机构稳健运营，股票市场规模稳步扩大，融资功能显著增强。股指期货顺利推出，融资融券业务试点启动，新股发行体制改革继续深化，期货市场功能不断完善。合规监管得到强化，市场主体规范发展，防范和打击内幕交易初见成效。但随着新业务、新产品的推出和发展，应关注创业板高估值、证券公司盈利模式相对单一及私募基金的潜在风险等问题。下一阶段，要继续推进市场机制建设，进一步加强监管，强化投资者保护，扩大直接融资规模，稳步推进资本市场创新，促进资本市场更好地服务经济社会发展全局。

保险业继续保持良好的发展势头，资产规模继续扩大，保费收入大幅增长，经营体系更加健全，保险覆盖面不断扩大，监管进一步加强，基础性制度建设取得新进展。保险公司偿付能力整体充足，保险市场结构进一步优化。但保险业资金运用收益率下降，保险公司资本补充渠道仍较狭窄，产品结构不均衡有所加剧，银保渠道有待继续改善。下一阶段，要抓住保险业快速发展机遇期，推动业务结构调整和产品创新，加快建立巨灾保险体系，建立多渠道资本补充机制，强化偿付能力监管，提高资金运用水平，防范投资风险，规范市场秩序，更好地发挥经济补偿和社会风险管理功能。

金融市场保持平稳健康发展，充分发挥了改善融资结构和完善资源配置的基础性作用。货币市场保持活跃，市场利率明显上升。债券市场规模进一步扩大，债券成交量大幅增加，债券价格呈总体上行趋势。票据市场快速增长，外汇市场波动较大，黄金市场量价大幅攀升。融资结构多元化发展，政府融资市场化程度提高。市场基础性制度建设取得积极进展，银行间实时收益率曲线正式发布，国际开发机构人民币债券发行管理得到加强，信用缓释工具试点顺利推出，银行间贷款转让市场和黄金市场进一步规范。

政府、企业、住户财务状况表明，政府债务水平总体良好，财政赤字和国债占 GDP 的比重较低。企业部门生产经营状况持续好转，盈利能力大幅提高，偿债能力稳步提升，流动性状况有所改善。住户部门金融资产和负债规模增长较快，负债占 GDP 的比重有所增加。但政府部门隐性负债问题和部分企业面临的融资压力值得关注，国民收入分配结构仍需改善，住户部门收入在国民收入中的比重有待提高。

金融基础设施建设稳步推进。支付体系不断完善，非现金支付工具创新发展，非金融机构支付服务管理不断加强，农村支付环境取得新进展；金融业法律法规不断建立健全，金融运行的法律基础进一步强化；新会计准则全面实施，会计标准国际趋同取得重要进展；信用环境不断改善，征信系统作用日益显著，中小企业和农村信用体系建设取得积极成效；国家洗钱风险评估首次开展，反洗钱监管进一步加强，国际合作推向深入。下一阶段，应进一步建立健全支付结算制度，完善金融法律体系，加快会计标准建设，优化社会信用环境，提高反洗钱力度和成效。

探索建立金融宏观审慎管理制度框架。建立逆周期资本缓冲和强化系统重要性金融机构（SIFIs）监管等内容在危机后取得积极进展。我国"十二五"规划明确提出，要构建逆周期的金融宏观审慎管理制度框架，需要处理好促进金融体系稳定与影响金融体系效率、宏观审慎管理与微观审慎监管及货币政策、宏观审慎管理与会计标准之间的关系，建立逆周期的宏观调控机制，降低系统性金融机构风险，加强金融统计和系统性风险监测预警体系建设，建立健全危机管理和系统性风险处置框架。构建我国宏观审慎管理制度框架，对于熨平经济周期性波动，防范系统性风险，维护金融稳定，提升金融支持经济增长的可持续性具有重要的现实意义。

目 录

第一章

宏观经济

2010 年是国内外经济金融形势复杂多变的一年。全球经济持续复苏，但各经济体复苏不均衡，主要发达经济体复苏动力不强，失业率仍处高位，新兴市场经济体增长强劲，但面临的资本流入及通货膨胀压力上升。中国经济继续朝宏观调控的预期方向发展，运行态势总体良好，但通货膨胀压力明显增大，结构性矛盾仍未根本解决。

2011 年，世界经济有望继续增长，新兴经济体仍将引领全球经济复苏，国内经济保持平稳较快增长存在较多有利条件，但不稳定、不确定因素仍然较多。发达经济体高失业和低增长状况短期内难以得到明显改观。国内经济结构调整压力加大，资源环境约束强化，改善民生任务艰巨，需要进一步增强经济发展的协调性、可持续性和内生动力。

一、2010 年全球经济金融形势

2010 年，全球经济持续复苏，全年经济增长率为 5.0%。但各经济体表现不均衡，其中发达经济体与新兴及发展中经济体分别增长 3.0% 和 7.3%。国际金融市场持续震荡，股票市场出现分化，大宗商品价格高位运行。

（一）主要经济体经济形势

美国经济出现积极迹象，但阻碍经济复苏的因素仍未消除。2010 年美国 GDP 增长 2.8%，与 2009 年的负增长 2.6% 形成鲜明对比。全年失业率为 9.6%，CPI 同比上涨 1.6%，为近两年最低值。但美国经济在逐渐好转的同时，仍存在不确定性：一是债务问题和贸易逆差仍较突出。2010 财年联邦赤字接近 1.3 万亿美元，多个州政府面临财政困境。全年贸易赤字为 4 978 亿美元，同比增长 32.8%。二是量化宽松政策加剧了市场对美元贬值和中长期通货膨胀预期的担忧。三是失业率仍处高位，经济在短期内尚难摆脱“无就业复苏”问题。四是银行和住户部门去杠杆化的过程仍在持续，房地产市场仍较低迷，房屋止赎率居高不下，实体经济复苏动力不足。

欧元区各成员国经济表现分化明显，主权债务危机可能继续拖累整体经济复苏。2010 年，欧元区 GDP 增长 1.7%，相比 2009 年增速明显回升，但各国经济表现分化明显。德国经济复苏远好于其他欧元区国家，成为带动欧元区复苏的主要动力。2010 年德国 GDP 增长 3.5%，失业率降至 6.9%，均为 1991 年以来最好水平。其他欧元区国家复苏乏力，法国、意大利缓慢复苏，GDP 分别增长 1.5% 和 1.3%；希腊、爱尔兰和西班牙等国家则因债务危机而陷入负增长。全年欧元区通货膨胀率为 1.6%，明显高于上年 0.3% 的水平。欧元区未来经济复苏趋势将主要受两方面因素的影响：一是欧元区采取的一系列财务整顿和危机救助措施虽然有助于稳定欧洲金融市场，但引发主权债务危机的深层次问题并未得到根本解决，市场信心仍较脆弱，欧洲主权债务危机的下一步走向尚待观察。二是通货膨胀和加息预期可能影响经济复苏前景。

日本通货紧缩和就业状况无明显改善，增长动力减弱。2010 年，日本 GDP 增长 3.9%。通货紧缩仍然存在，核心 CPI 同比下降 1%，为连续第二年负增长。失业率仍然较高，全年平均失业率为 5.1%，与上年持平。政府债务持续攀升，2010 年年末，国家债务余额达 919 万亿日元，占 GDP 的比重超过 190%，创历史新高。此外，消费增长乏力、出口增速放缓、日元升值等问题也会对日本经济复苏形成压力。

新兴经济体总体复苏强劲，但面临的资本流入风险和通货膨胀压力上升。2010 年以来，受国内需求增长及大宗商品价格企稳回升影响，亚洲、拉丁美洲等地区的新兴及发展中经济体复苏强劲，成为拉动全球经济增长的主要动力。2010 年，印度、巴西、俄罗斯全年经济增长分别为 10.4%、7.5%、4.0%。同时，由于全球流动性持续过剩和发达经济体复苏乏力，套利资本大量流入经济增长相对强劲、利差较大的新兴经济体，加剧了新兴市场股票、房地产等资产价格的上涨压力及货币升值压力。资本流入还加大了新兴市场的输入性通货膨胀压力，印度、巴西和俄罗斯全年 CPI 涨幅分别达到 13.2%、5.0% 和 6.9%。为防止经济过热和抑制通货膨胀，部分新兴经济体率先进入加息周期，经济增速有放缓迹象。

专栏 1　2010 年全球主要经济体经济刺激政策动向

2010 年以来，各主要经济体在经济刺激政策方面呈现明显差异。美国和日本相继出台了新一轮的财政货币刺激政策；欧洲国家在维持宽松货币政策的同时，加大了财政整顿力度；部分国家加快了经济刺激政策退出步伐。

美国政府推出新的经济刺激计划，美联储出台第二轮量化宽松政策（QE2）。2010 年 9 月，为刺激经济和就业增长，奥巴马政府宣布推出新一轮总额达 3 500 亿美元的经济刺激计划，主要用于增加基础设施投资、减免个人所得税和研发企业税收。12 月，美国国会通过了奥巴马政府提出的总额为 8 580 亿美元的税收法案，再次将减税作为推动经济增长的引擎。11 月 3 日，美联储决定继续将联邦基金利率维持在 0 ~ 0.25% 的历史最低水平，同时宣布在 2011 年第二季度末之前再购买 6 000 亿美元的长期国债，并表示将把到期的抵押贷款担保证券所得用于国债再投资。

日本政府进一步加大经济刺激力度，日本银行时隔四年后重启零利率政策。2010 年 9 月和 10 月，日本政府先后两次出台经济刺激计划，总额接近 6 万亿日元，主要用于加强就业与人才培养、推进增长战略、支持绿色产业和小型企业发展等方面。为应对通货紧缩和日元升值，日本银行于 10 月 5 日决定将银行间无担保隔夜拆借利率从 0.1% 降至 0 ~0.1%，同时宣布了规模达 5 万亿日元的资产购买计划。日本银行还把对商业银行的固定利率资金供给规模提高到 30 万亿日元，并于 9 月 15 日进行了大规模的外汇市场干预以阻止日元大幅升值。

欧洲推迟退出非常规的货币政策，并加强财政整顿。2010 年，为应对债务危机，欧洲中央银行继续将主要再融资利率维持在 1% 的历史低位，并通过再融资操作、证券市场计划等措施向市场提供流动性支持。英格兰银行继续维持 0.5% 的短期利率水平和 2 000 亿英镑的资产购买规模不变。为提高财政可持续性，欧盟推动建立惩罚机制，要求各成员国加强财政整顿，以达到《稳定与增长公约》的相关要求；同时，为防止债务危机蔓延，欧盟出台了 7 500 亿欧元的救助计划，推动建立欧洲金融稳定基金（EFSF）、欧洲金融稳定机制（EFSM）以及永久性的欧洲稳定机制（ESM）。欧洲主要国家相继推出大规模的财政整顿计划，以降低政府债务和赤字水平。欧盟、欧洲央行、国际货币基金组织（IMF）等与希腊和爱尔兰政府先后达成 1 100 亿欧元和 850 亿欧元的救助方案，在一定程度上稳定了欧洲金融市场。

部分经济复苏强劲、通货膨胀压力较大的经济体逐步加快了经济刺激政策的退出步伐。2010 年，部分新兴经济体和资源型经济体为控制通货膨胀率先进入加息周期，印度、巴西、韩国、加拿大、澳大利亚等经济体为抑制通货膨胀多次提高基准利率。印度通过调高消费税、恢复成品油关税等措施逐步退出财政刺激政策。巴西、韩国、印度尼西亚、泰国、马来西亚等新兴经济体加强资本流入管制和外汇市场干预。新加坡、中国香港、澳大利亚等经济体则强化了对房地产市场的税收和信贷政策调控。

（二）国际金融市场形势

外汇和债券市场波动明显。2010 年，受欧洲主权债务危机和美国第二轮量化宽松政策等因素影响，主要货币汇率宽幅震荡。全年欧元对美元贬值

6.7%，日元对美元升值14.5%，美元广义贸易加权指数累计贬值2.4%。为防止本国货币过度升值，多个国家先后加强了外汇市场干预和资本流入管制。同时，随着欧洲主权债务危机形势不断变化、全球经济复苏前景逐渐改善，主要国债收益率先降后升且大幅波动。截至12月31日，美国、欧元区和日本的10年期国债收益率分别收于3.36%、2.97%和1.12%，较上年末分别下跌0.43个、0.41个和0.17个百分点，但较上季度末分别上升0.85个、0.71个和0.18个百分点（图1-1）。

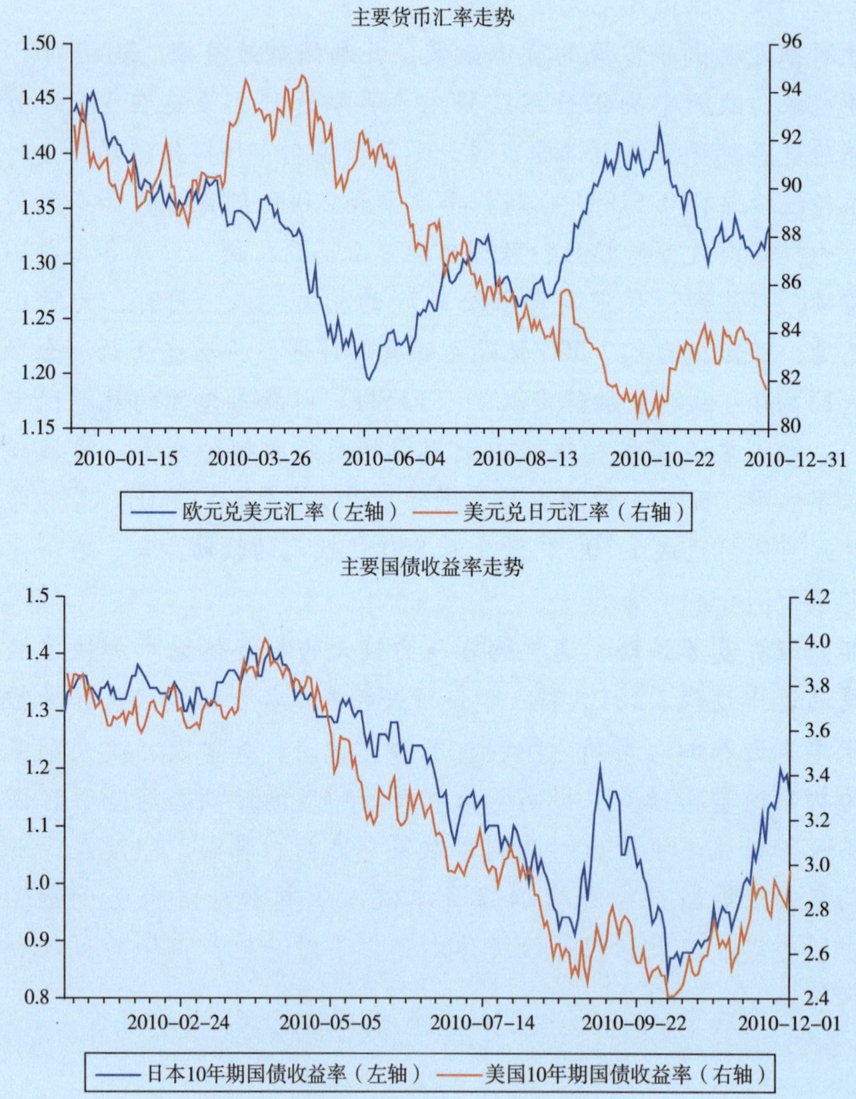

图1-1 2010年主要货币汇率和国债收益率走势

数据来源：CEIC。

主要股指走势出现分化。2010 年，受美联储第二轮量化宽松政策、经济数据转好、上市公司盈利水平改善等利好因素带动，美国股市震荡上扬。截至 12 月 31 日，道琼斯指数收于 11 578 点，较上年末上涨 10.9%，恢复至 2008 年 9 月雷曼公司破产前水平。受经济复苏乏力、债务危机和日元升值等不利因素影响，欧洲和日本股市表现相对疲弱，欧元区 STOXX50 指数年末收于 2 601 点，较上年末上涨 0.85%；日经 225 指数年末收于 10 229 点，较上年末下跌 3.0%（图 1－2）。主要新兴市场股市分化明显，俄罗斯蓝筹 MICEX 指数上涨 22%，印度孟买 BSE 指数上涨 17%；而巴西 BOVESPA 指数下跌 1%，中国上证指数下跌 14.3%。

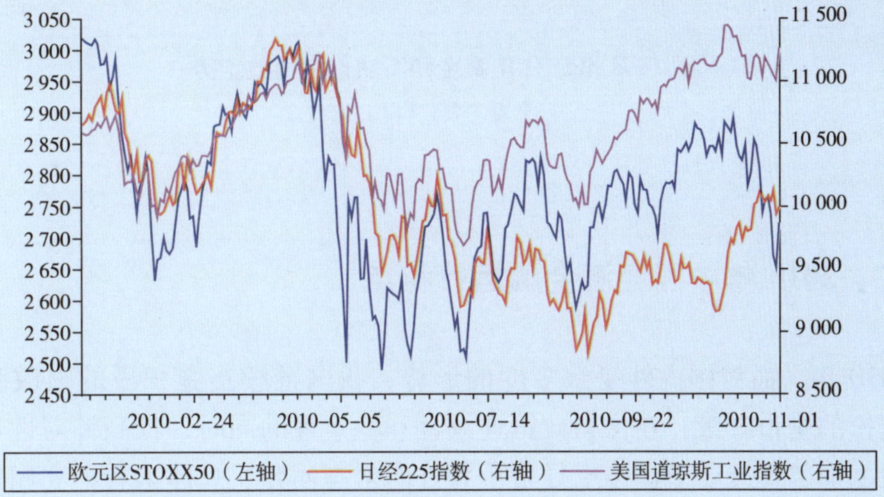

图 1－2　2010 年主要股指走势

数据来源：CEIC。

大宗商品价格持续走高。2010 年，受全球经济复苏带动需求回升、流动性过剩以及通货膨胀预期强化等因素影响，国际原油和贵金属价格大幅上涨。12 月 31 日，纽约国际原油期货收于每桶 91.38 美元，比上年末上涨 15.1%；布伦特原油现货收于每桶 94.63 美元，比上年末上涨 21.5%。伦敦贵金属交易所黄金现货价格收于每盎司 1 410.3 美元，比上年末上涨 27.7%，为 2007 年以来最大升幅（图 1－3）。铜、锡、镍等主要金属期货价格也分别出现 30%～60% 的大幅上涨。此外，受全球需求回升和俄罗斯、巴西、澳大利亚等国极端灾害天气影响，主要农产品价格大幅上扬，全球小麦、稻米、玉米等谷物价格都创下金融危机以来的最高水平。

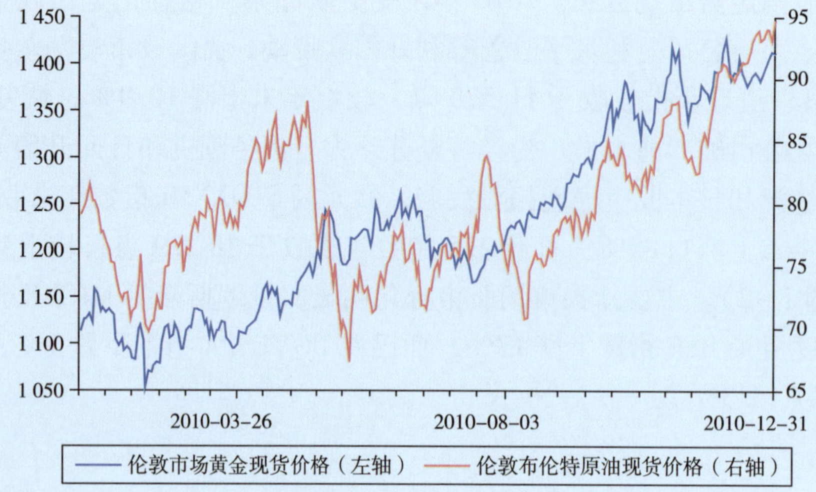

图1-3 2010年黄金和石油价格指数走势

数据来源：CEIC。

二、2010年中国经济金融运行特点

2010年，面对国内外复杂多变的形势，我国继续实施积极的财政政策和适度宽松的货币政策，在保持政策连续性和稳定性的同时，提高针对性和灵活性，根据形势发展要求逐步引导货币条件向常态回归。总体来看，我国经济向着宏观调控的预期方向发展，经济平稳较快增长的态势进一步巩固。

（一）经济平稳较快增长，结构进一步优化

据国家统计局初步核算，2010年我国GDP达到39.80万亿元，同比增长10.3%，增速比上年加快1.1个百分点。分季度看，各季度GDP分别增长11.9%、10.3%、9.6%和9.8%。分产业看，第一产业增加值4.05万亿元，增长4.3%；第二产业增加值18.65万亿元，增长12.2%；第三产业增加值17.10万亿元，增长9.5%。从各产业增加值占国内生产总值的比重看，经济结构进一步优化。第一产业为10.2%，比上年下降0.4个百分点；第二产业为46.9%，比上年略升0.1个百分点；第三产业为43%，比上年上升0.8个百分点。

（二）国内需求增长动力强劲，外部需求明显改善

2010年，全社会消费品零售总额为15.5万亿元，比上年增长18.4%；扣

除价格因素，实际增长 14. 8%。其中，城镇消费品零售额 13. 4 万亿元，增长 18. 8%；乡村消费品零售额 2. 1 万亿元，增长 16. 1%。全年全社会固定资产投资 27. 8 万亿元，比上年增长 23. 8%。其中，城镇固定资产投资 24. 1 万亿元，增长 24. 5%；农村固定资产投资 3. 67 万亿元，增长 19. 7%。随着全球经济逐步复苏，我国外需环境逐步改善。2010 年进出口总额 2. 97 万亿美元，比上年增长 34. 7%。其中，出口 1. 58 万亿美元，增长 31. 3%；进口 1. 4 万亿美元，增长 38. 7%；全年实现贸易顺差 1 831 亿美元，比上年下降 6. 4%（图 1－4）。初步测算，2010 年内需（资本形成和最终消费）带动 GDP 增长 9. 5 个百分点，净出口带动 GDP 增长 0. 8 个百分点，内外需在拉动经济增长中的作用更趋平衡。

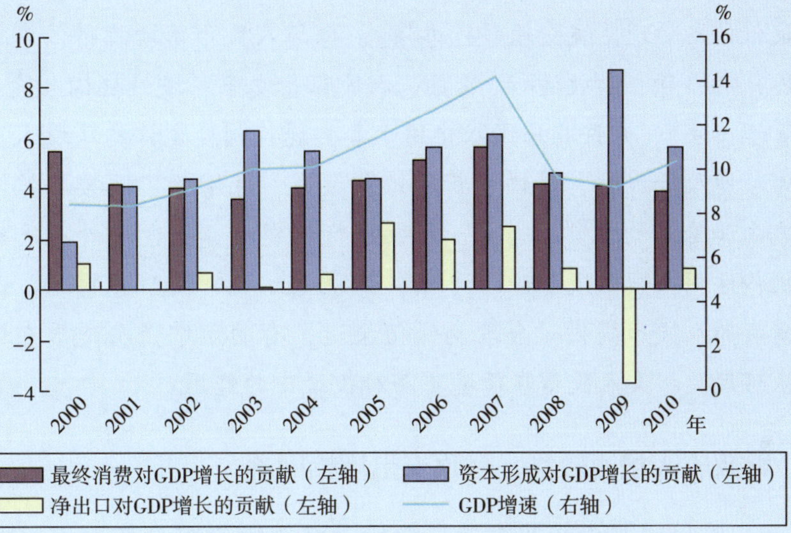

图 1－4　消费、投资、出口对 GDP 增长的贡献

数据来源：CEIC。

专栏 2　人民币跨境贸易结算试点和跨境投融资个案试点稳步推进

2010 年，人民银行会同有关部门采取灵活有力的措施，积极开展人民币跨境贸易结算试点和跨境投融资个案试点，有力地促进了贸易和投资便利化。

跨境贸易人民币结算试点工作取得突破性进展。2010 年 6 月，《关于扩大跨境贸易人民币结算试点工作有关问题的通知》发布，将跨境贸易人民币结算试点地区由上海市、广东省的 4 个城市扩大到北京、天津等 20 个省（区、市），有力推动了跨境贸易人民币结算业务的开展。全年结算量累计达

5 063.43亿元，其中货物进出口人民币结算量4 380 亿元，占同期进出口总额的2.2%。境内先期开展试点的广东、上海地区结算量较大，占结算量总额的50%以上，8 个边境省（区）的结算量占比为7.84%。截至2010 年年末，与境内发生人民币实际收付业务的境外国家和地区达92 个。

人民币跨境投融资个案试点稳步进行。为配合跨境贸易人民币结算试点工作，支持企业“走出去”领域的大型项目，人民银行开展了人民币跨境投融资个案试点，以服务于实体经济为重点，加强交易真实性审核，严格防控风险。2010 年，各试点地区共办理人民币跨境投融资交易386 笔，金额为701.70 亿元。2010 年10 月，新疆率先开展跨境直接投资人民币结算试点。

人民币跨境使用配套措施逐步完善。2010 年3 月，人民银行发布《人民币跨境收付信息管理系统管理暂行办法》，保障人民币跨境收付信息管理系统（RCPMIS）的平稳、有效运行。8 月，人民银行发布《境外机构人民币银行结算账户管理办法》，允许非居民账户用于各类现行制度允许的跨境人民币业务结算，为跨境人民币结算提供了新的结算渠道，也增加了间接调控境外人民币资金流向和价格的工具。当月，人民银行还发布《关于境外人民币清算行等三类机构运用人民币投资银行间债券市场试点有关事宜的通知》，为境外机构依法持有的人民币提供了合理的保值渠道，有助于增强人民币在境外的接受度和认可度，扩大人民币在跨境贸易和投资中的作用。

（三）财政收入增速较快，财政支出增幅回落

2010 年，在经济平稳较快发展、物价上涨等因素综合作用下，财政收入总体增长较快。全国财政收入8.31 万亿元，同比增加1.46 万亿元，增长21.3%，增速比上年高9.6 个百分点。其中，全年财政收入超过预算9 150 亿元，主要原因在于年初收入预算所依据的相关经济指标表现超越预期。同时，全国财政支出8.96 万亿元，增长17.4%，增速比上年低4.5 个百分点。但是用于民生和“三农”的支出仍有较大程度增长，其中用于与人民群众生活直接相关的教育、医疗卫生、社会保障和就业、住房保障等方面的民生支出合计8 898.54亿元，增长19.9%；用于“三农”的支出合计8 579.7 亿元，增长18.3%。

（四）物价指数持续上升，通货膨胀压力加大

2010 年，CPI 总体呈现上行态势，尤其是第三季度后上行速度有所加快。各季度CPI 分别为2.2%、3.1%、3.4%和4.7%，全年CPI 为3.3%。其中食品和居住价格是带动CPI 上涨的主要因素，分别上涨了7.2%和4.5%，进入第四季度后非食品价格上涨幅度也有所上升。PPI 同比上涨

5.5%，比上年高10.9个百分点；原材料、燃料、动力购进价格同比上涨9.6%，比上年高17.5个百分点。GDP平减指数变动率为5.8%，比上年高6.4个百分点（图1-5）。物价指数持续上升，主要是由于金融危机爆发以来，全球货币条件总体相当宽松，主要经济体继续保持宽松货币条件刺激经济的预期强烈，大量资金流入经济增长较快的新兴经济体。在流动性充裕的大背景下，随着经济逐步企稳回升，容易形成持续的通货膨胀预期，富余资金必然寻找各种途径和出口。同时，受巴拉萨—萨缪尔森效应[①]及劳动年龄人口增长趋缓等因素影响，劳动力成本趋升，农产品、服务业等包含人工成本较高的商品价格上涨压力加大，资源性产品价格也有待理顺，这些也加大了价格上行压力。人民银行2010年第四季度城镇储户问卷调查显示，居民对物价满意度为1999年第四季度以来的最低，居民未来物价预期指数升至81.7%，较上季度提高了8.5个百分点，预测下季度物价上涨的居民比例较上季度提高了15.2个百分点，预期未来房价上涨的居民占比也较上季度再次上升6.8个百分点。

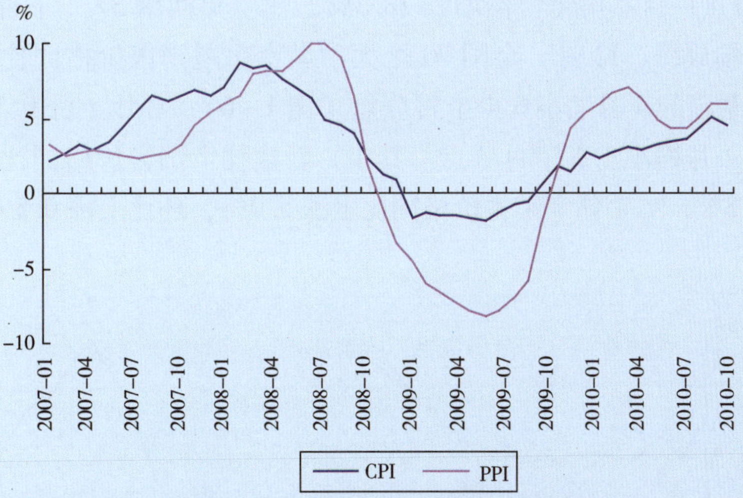

图1-5 主要物价指标同比走势

数据来源：国家统计局。

① “巴拉萨—萨缪尔森”（Balassa - Samuelson）效应描述了这样一类经济现象：一国经济由可贸易部门（如一般工业制造品等）和不可贸易部门（如房地产、服务业等）组成。可贸易部门生产率提升的速度一般比不可贸易部门快，因此其工资水平通常会高于不可贸易部门。但随着部门之间劳动力流动，不可贸易部门工资也随之增长，从而超过其生产率上升的速度，使得不可贸易商品价格上涨。经济学家以此来解释发达经济体和经济增长较快国家的住房、餐饮及人工服务价格比相对落后国家更贵的原因。

（五）房地产市场调控力度加大，房价涨势趋缓

2010年，针对部分城市房价上涨过快问题，国家加大房地产市场调控力度。1月，《关于促进房地产市场平稳健康发展的通知》发布，在鼓励和支持居民合理住房消费的同时，抑制投资投机性购房。4月，《国务院关于坚决遏制部分城市房价过快上涨的通知》发布，要求商业银行对贷款购买第二套住房的家庭，严格执行首付款比例不低于50%、贷款利率不低于基准利率1.1倍的规定；针对商品住房价格过高、上涨过快、供应紧张的地区，商业银行可根据风险状况，暂停发放购买第三套及以上住房贷款。9月，人民银行、银监会发布《关于完善差别化住房信贷政策有关问题的通知》，要求商业银行暂停发放第三套及以上住房贷款。12月，中央经济工作会议召开，提出要强化政府责任，加大保障性安居工程建设力度，加快棚户区和农村危房改造，大力发展公共租赁住房，逐步形成符合国情的保障性住房体系和商品房体系，着力保障和改善民生。

一系列调控措施的出台，对于抑制投机需求、控制部分城市房地产价格过快上涨起到了积极作用。2010年，全国商品房销售面积增长10.1%，比上年回落32个百分点；商品房销售额增长18.3%，比上年回落57.2个百分点。房屋销售价格涨幅放缓。12月，全国70个大中城市房屋销售价格同比上涨6.4%，涨幅比年内最高的4月缩小6.4个百分点（图1-6）；环比上涨0.3%，涨幅比年内最高的4月缩小1.1个百分点。其中，新建住宅销售价格同比上涨7.6%，环比上涨0.3%；二手住宅销售价格同比上涨5.0%，环比上涨0.5%。

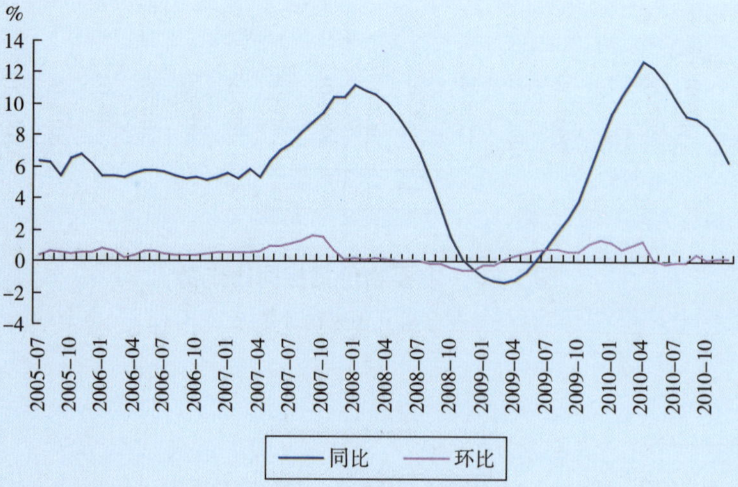

图1-6 全国70个大中城市房屋销售价格月涨幅

数据来源：国家统计局。

（六）货币信贷向常态水平回归，人民币汇率弹性增强

根据形势发展变化，人民银行在坚持政策连续性和稳定性的同时，提高政策的针对性和灵活性，2010 年先后六次提高准备金率、两次提高存贷款基准利率，进一步推动汇率形成机制改革，增强汇率弹性，并加强了对信贷投放的风险提示，引导货币条件逐步向常态回归，对管理通货膨胀预期、保持经济平稳增长发挥了重要作用。2010 年年末，广义货币 M_2 余额 72.6 万亿元，同比增长 19.7%，比上年末低 8 个百分点。狭义货币 M_1 余额 26.7 万亿元，同比增长 21.2%，比上年末低 11.2 个百分点（图 1－7）。2010 年年末，人民币贷款余额为 47.9 万亿元，同比增长 19.9%，比上年同期低 11.8 个百分点。全年新增贷款 7.95 万亿元，同比少增 1.65 万亿元。分季度看，全年四个季度新增贷款分别为 2.60 万亿元、2.03 万亿元、1.67 万亿元和 1.64 万亿元，占比分别为 32.8%、25.5%、21.0% 和 20.7%，较往年更为均衡。

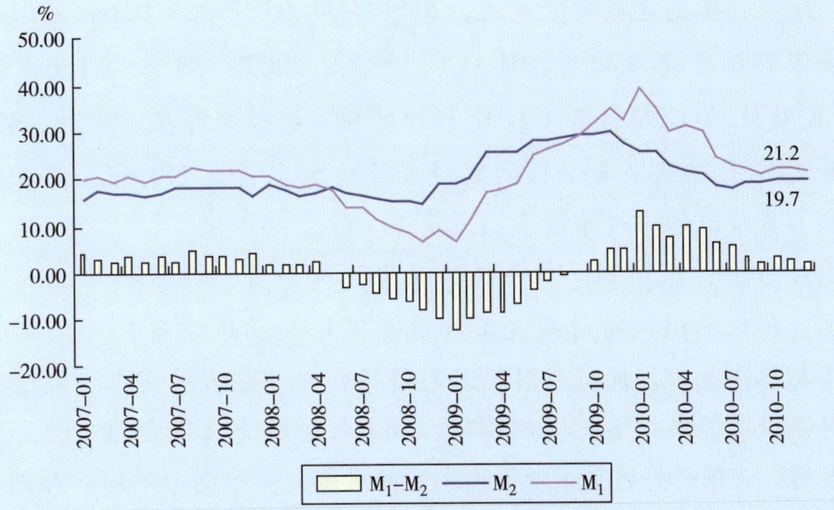

图 1－7　M_1、M_2 增长情况

数据来源：中国人民银行。

2010 年 6 月 19 日，人民银行宣布进一步推进汇率形成机制改革，人民币汇率双向浮动，弹性增强。2010 年年末，人民币对美元汇率收于 6.6227 元，较 6 月 18 日升值 3.09%。根据国际清算银行数据测算，全年人民币实际有效汇率升值 4.2%。2005 年人民币汇率形成机制改革以来至 2010 年年末，人民币对美元汇率累计升值 24.97%。进一步推进人民币汇率形成机制改革对实体

经济的影响积极，对于促进我国经济结构优化和全面协调可持续发展、抑制通货膨胀和资产泡沫、增强宏观调控的主动性和有效性都将起到积极作用。

专栏3　客观分析货币总量和货币超发问题

国际金融危机爆发之后，为应对危机冲击，我国实施积极的财政政策和适度宽松的货币政策，货币信贷增长较快，各方面对货币超发问题关注较多。货币与经济之间的适宜关系不是简单的一一对应关系，以我国 M_2 绝对量多、M_2/GDP 较高得出货币超发的结论并不准确。

一般而言，间接融资比重高，银行融资占比大，一国货币总量相对就会比较多，因为银行资产扩张（如发放贷款、购买债券和外汇等）会派生存款，增加全社会货币供给。直接融资（如发行股票、债券等）只涉及货币在不同经济主体之间的转移和交换，货币总量并不发生变化。研究表明，以间接融资为主的国家，M_2/GDP 比重普遍高于以直接融资为主的国家。比如，美国直接融资发达，2009 年 M_2/GDP 仅为 0.6；亚洲国家普遍较多依赖银行体系融资，M_2/GDP 较高，2009 年日本为 1.6，韩国为 1.5。我国 M_2 增速超出名义 GDP 增速的现象也长期存在。此外，M_2 增速超出名义 GDP 增速还与一国的经济发展阶段、货币化进程、储蓄率、市场结构、货币统计口径等诸多因素有关。

2003 年后，我国 M_2/GDP 总体呈现下降态势，近两年为应对国际金融危机，实施了积极的财政政策和适度宽松的货币政策，该比率有所反弹。从实际情况看，危机应对措施对提振信心、扩张总需求、促进我国经济平稳较快增长发挥了关键性作用，我国经济率先实现企稳回升。

当前，我国面临通货膨胀压力上升的风险，导致这一问题的原因比较复杂，周期性因素和结构性因素交织。一是美国等主要发达经济体持续实施极度宽松的货币政策，全球范围内货币条件宽松，一方面加剧了国内的通货膨胀预期，另一方面国际大宗商品价格的持续上升也加剧了我国输入型通货膨胀压力。二是较大货币存量的滞后影响可能逐步显现。三是灾害性气候等因素造成的农产品价格结构性上涨。四是受人口红利变化等影响，劳动力成本、服务业以及非贸易品价格可能持续上升，资源性产品价格也有待理顺。

适应当前经济金融形势发展变化，我国货币政策取向已由适度宽松回归为稳健，在继续满足保持经济平稳较快增长对资金合理需求的同时，有利于加强通货膨胀预期管理和防范资产价格泡沫。

三、2011 年全球经济形势展望

展望2011 年，国际金融危机导致的急剧动荡将继续缓解，全球经济持续缓慢复苏，但基础并不稳固。根据 IMF 预测，2011 年全球经济增长率为4.5%，较2010 年下降0.5 个百分点。主要发达经济体在相当长时期内仍将面临公共债务攀升、房地产市场低迷等问题，失业率仍将处于高位，经济增长相对迟缓。新兴及发展中经济体将继续保持较快增长，但受刺激政策退出的影响，经济增速可能放缓。IMF 预测，2011 年发达经济体、新兴及发展中经济体分别增长2.4% 和6.5%，增速较2010 年分别放缓0.6 个和0.8 个百分点。同时，新兴及发展中经济体通货膨胀水平有所上升，预计2011 年通货膨胀率为6.9%，较2010 年提高0.7 个百分点；发达经济体通货膨胀率略有回升，预计将从2010 年的1.6% 提高到2011 年的2.2%。

然而，危机暴露出的深层次矛盾仍未解决，世界经济前景仍存在不确定性。未来影响全球经济发展的风险因素主要包括：

主要发达经济体深层次内在矛盾仍未解决。欧洲主权债务危机存在恶化和进一步扩散的可能，如果欧元区国家不能尽快建立可靠的长期危机应对机制，欧洲主权债务问题将成为威胁世界经济复苏的重要风险。为进一步促进经济复苏，美国、日本等发达经济体都推出了新一轮财政刺激计划，在债务水平本已高企的情况下，将进一步导致财政状况恶化，加大公共债务风险。IMF 预计2011 年美国财政赤字将达10.75%，政府债务总额占 GDP 的99.5%；2011 年日本政府债务总额和赤字将分别占 GDP 的229.1% 和8.9%。若发达经济体不能有效加强财政整顿，最终可能导致债务失控并抬高中长期利率，给全球金融市场和世界经济复苏造成负面影响。同时，美国等发达经济体储蓄严重不足的状况在短期内难以改变，贸易逆差问题仍较突出。

部分经济体量化宽松货币政策导致全球通货膨胀压力加大。在主要发达经济体持续实施量化宽松货币政策的背景下，全球货币条件仍过于宽松，大量过剩流动性追逐有限投资机会。由于经济复苏强劲和利差较大，部分新兴经济体吸引了大量资本流入，造成资产价格上涨、通货膨胀预期强烈，政策调整难度加大。如果通货膨胀、资产泡沫等风险因素得不到有效控制，新兴经济体更为激进的紧缩政策可能导致经济硬着陆并引发短期资本流向逆转，威胁全球经济复苏和金融市场稳定。同时，在中东地区政局动荡、全球需求回升和流动性充裕等因素影响下，石油、矿产、粮食、贵金属等大宗商品价格大幅上涨，可能进一步加剧全球通货膨胀压力和金融市场动荡，打击消费者和投资者信心，对脆弱的全球经济复苏产生不利影响。

国际合作和政策协调难度增加。目前，世界各国经济周期不同步，经济政策主张差异明显。发达经济体继续维持历史低利率水平和量化宽松政策，而越来越多的新兴经济体逐步收紧宏观经济政策。随着贸易保护主义继续升温，国际市场竞争更加激烈。各国间政策取向分化、合作意愿减退，将加大国际经济政策协调难度和成本，影响全球经济复苏和国际金融市场的平稳运行。

金融部门资产负债表修复进程缓慢。全球金融体系仍然比较脆弱，大量有毒资产有待消化，银行放贷意愿仍然较弱，部分国家银行体系依然面临房地产贷款质量恶化的风险。一些欧元区国家的银行体系还可能受到其持有的主权债务信用质量恶化的影响。融资压力和银行体系面临的风险使金融体系仍较脆弱，容易受到市场情绪恶化的影响，并拖累全球经济复苏。

四、2011 年中国经济展望

2011 年是“十二五”开局之年，保持经济平稳较快增长存在较多有利条件。前期出台的振兴战略性新兴产业、加快保障房建设和棚户区改造、鼓励和引导民间投资等政策措施正在发挥作用。国内市场潜力巨大，居民储蓄率较高，消费升级和城镇化稳步发展，收入分配改革力度加大，转变发展方式和调整经济结构步伐加快，经济持续增长的动能较为充足，空间较为广阔。世界经济有望继续恢复增长，我国经济增长的外需环境将不断改善。同时，我国经济发展也面临国际国内诸多挑战。全球经济复苏的基础仍不牢固，不稳定、不确定因素仍然较多。我国经济运行中一些长期问题和短期问题相互交织，体制性矛盾和结构性问题依然并存，宏观调控面临资产价格泡沫风险和通货膨胀压力加大、加快调整经济结构等诸多挑战。

面对各种机遇和挑战，2011 年宏观经济政策要积极稳健、审慎灵活，稳妥地处理好保持经济平稳较快发展、调整经济结构和管理通货膨胀预期的关系，防范各类潜在风险，避免经济大起大落。一是实施积极的财政政策和稳健的货币政策，增强政策的针对性、灵活性和有效性，促进经济平稳健康发展。要进一步优化财政支出结构，把保障和改善民生作为公共财政支出的优先方向，增强财政透明度，保持财政稳健性和可持续性。货币政策要按照总体稳健、调节有度、结构优化的要求，把稳定价格总水平放在更加突出的位置，维护金融体系安全稳健运行。二是加快推进经济结构战略性调整，转变经济发展方式，不断优化产业结构，构建扩大内需长效机制，促进区域协调发展。三是在宏观调控中更加重视货币总量的预期引导作用，更加注重从社会融资总量的角度来衡量金融对经济的支持力度，保持合理的社会融资规模，强化市场配置资源功能。四是加快构建逆周期的宏观审慎管理制度框架，把货币信贷和流动性管理的总量调节与强化宏观审慎管理结合起来，进一步落实好差别准备金动态调整措施，为稳定价格总水平、管理通货膨胀预期和房地产市场调控创造良好的货币环境。五是进一步加强各项经济金融政策之间的协调配合，把短期调控政策和长期发展政策有机结合起来，着力推动改革和结构调整，提升经济增长内生动力。

第二章

银 行 业

2010年，银行业认真贯彻国家宏观调控政策，继续优化信贷结构，促进经济发展方式转变和经济结构调整，金融服务质量和水平不断提升。银行业改革发展成效显著，农业银行成功上市标志着大型商业银行股份制改革基本完成，政策性金融机构改革和农村金融体系改革稳步推进，银行业稳健运行的基础进一步巩固。银行业主要指标保持良好，重点领域风险管控加强，行业稳健性标准和监管有效性提升，风险管理和危机应对能力显著增强，整体呈稳健发展态势。

一、运行状况

资产负债规模继续扩大。截至2010年年末，银行业金融机构资产总额95.3万亿元，同比增长19.9%；负债总额89.5万亿元，同比增长19.2%。银行业金融机构本外币存款余额73.3万亿元，同比增长19.8%；本外币贷款余额50.92万亿元，同比增长19.6%（图2-1）。存款活期化趋势明显，其中，全年新增住户存款中活期存款占56%，全年新增非金融企业存款中活期存款占55%。

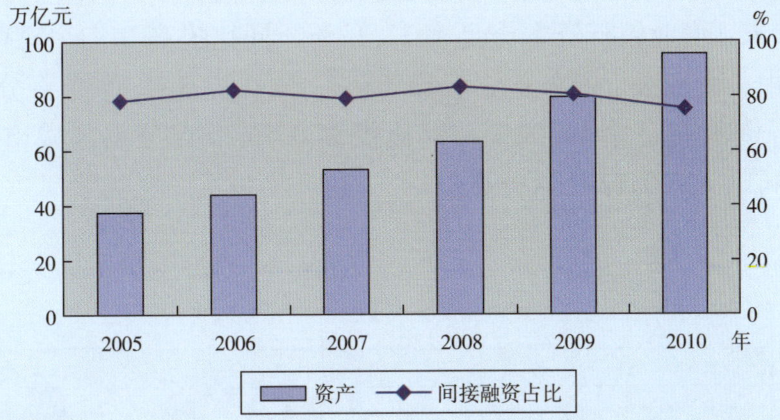

图2-1 近年来我国间接融资占比①和银行业总资产变化情况

数据来源：中国人民银行、中国银监会。

资产质量不断提升。2010年，银行业金融机构不良贷款余额和不良贷款率继续“双降”（图2-2）。截至年末，商业银行不良贷款余额4 336亿元，比年初减少731亿元；不良贷款率1.13%，比年初下降0.46个百分点。同时，拨备覆盖率高位提升，风险抵补能力不断增强。截至年末，商业银行拨备覆盖率217.7%，同比提高64.5个百分点；贷款损失准备充足率230.7%，同比提高50.8个百分点。

① 间接融资占比指国内非金融机构部门融资总量中本外币贷款融资额的比重。

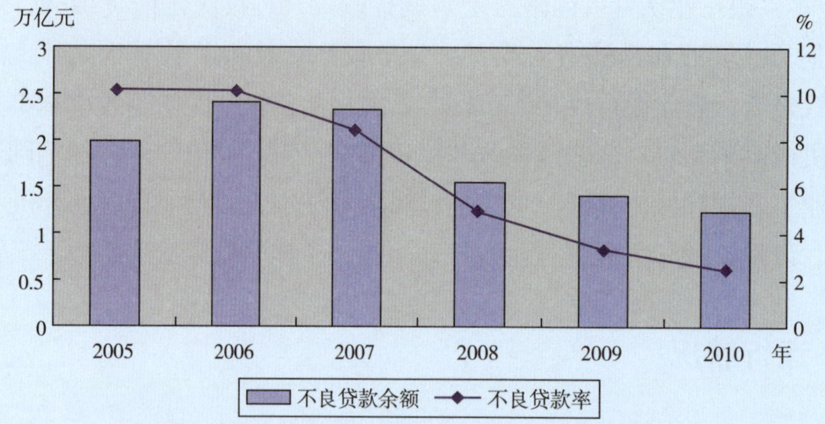

图2-2　银行业不良贷款余额和不良贷款率

数据来源：中国银监会。

资本充足水平保持稳定。2010年，商业银行通过股东注资和内部收益留存等方式补充资本，同时通过股票市场和债券市场采取多种方式实施再融资，通过配股融资筹集资本3 346亿元，发行混合资本债券和次级债券融资920亿元。截至年末，商业银行资本充足率12.17%，同比提高0.71个百分点（图2-3）。其中，大型银行资本充足率12.08%，同比提高0.95个百分点；股份制商业银行资本充足率11.02%，同比提高0.76个百分点；城市商业银行12.84%，同比下降0.12个百分点。

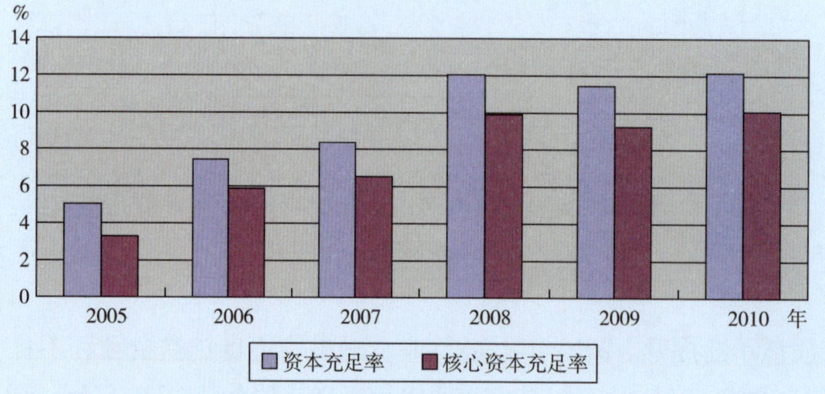

图2-3　商业银行资本充足状况

数据来源：中国银监会。

盈利持续快速增长。2010年，银行业金融机构实现税后净利润8 990.9亿元，同比增长34.5%，增速同比上升20个百分点；资产利润率1.03%，资本利润率 17.5%，同比分别上升 0.09 和 1.26 个百分点；实现净营业收入 25 482.4亿元，其中利息净收入 16 886.6 亿元，同比增长 36.3%；手续费、佣金等中间业务收入 3 635.58 亿元，同比增长 24.3%（图 2－4）。

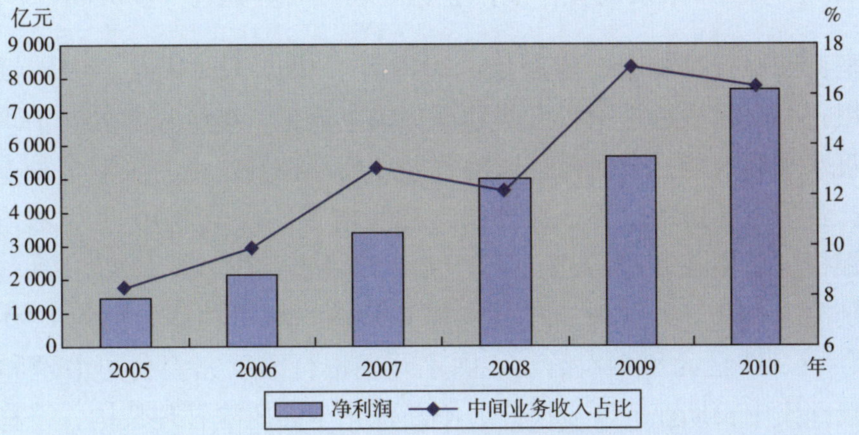

图 2－4 银行业金融机构盈利水平和中间业务收入占比的变化趋势

数据来源：中国银监会。

流动性整体充足。截至 2010 年年末，银行业金融机构流动性比例为 43.7%，同比下降 2.1 个百分点；流动性缺口率为 －2.7 %，同比上升 10 个百分点（图 2－5）；存贷比为 71.8%，同比下降 0.07 个百分点；人民币超额备付金率 3.51%，同比下降 0.73 个百分点。银行业流动性整体较为充足，但存款活期化和贷款长期化趋势明显，期限错配风险有所加大。

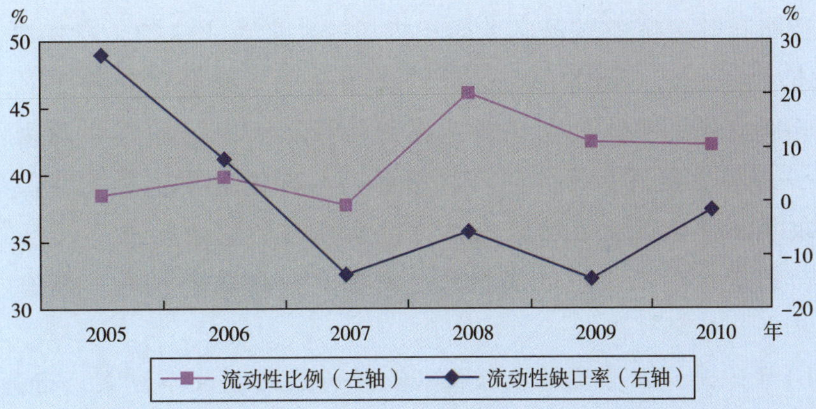

图 2－5 商业银行流动性比例和流动性缺口率变化趋势

数据来源：中国银监会。

二、稳健性评估

（一）各项改革成效显著，银行业稳健运行的基础进一步巩固

大型商业银行改革进一步深化。2010年，中国工商银行、中国银行、中国建设银行和交通银行进一步巩固和深化改革成果，继续完善公司治理，不断提高决策水平和效能，全面提升风险管理和内部控制水平，采取多种方式补充资本金，各项指标持续改善，综合实力稳步增强。截至2010年年末，上述四家商业银行的资本充足率分别为12.0%、12.5%、12.4%和12.1%；不良贷款率分别为1.09%、1.20%、1.01%和1.13%；税后利润分别为1 564亿元、995亿元、1 333亿元和418亿元。国家开发银行继续完善公司治理和组织体系，积极探索中长期业务发展模式，不断优化全面风险管理架构，平稳推进商业化转型。

农业银行成功上市，"三农金融事业部"改革试点不断深化。2010年，农业银行不断完善公司治理，加快内部改革和机制转换，稳步推进公开发行上市各项基础工作。2010年7月15日、16日，农业银行股票分别在上海证券交易所和香港联交所挂牌上市，共募集资金221亿美元。同时，积极探索"面向三农"和"商业运作"相结合的有效途径，稳步推进"三农金融事业部"改革，不断提高"三农"金融服务的积极性。

专栏4　推动农业银行"三农金融事业部"改革试点

农业银行作为服务我国城乡两个市场的大型商业银行，在我国金融体系中占有重要地位。2007年初召开的全国金融工作会议明确了农业银行改革"面向三农、整体改制、商业运作、择机上市"的总体原则。为实现面向"三农"和商业运作的有机结合，人民银行牵头有关部门成立农业银行改革工作小组，推动农业银行努力探索和创新服务"三农"的有效途径，构建针对性强的政策制度、业务流程和服务模式，探索"三农金融事业部"改革试点。

2010年3月，国务院批准深化农业银行股份制改革方案，选择四川、重庆、湖北、广西、甘肃、吉林、福建和山东共8个省（区、市）下辖的561个县域支行开展深化"三农金融事业部"改革试点。"三农金融事

业部”改革试点实行总行、试点省分行、地市分行管理部门“三级督导”，县域支行“一级经营”，建立健全单独的资本管理、信贷管理、风险拨备与核销、资金平衡与运营、考评激励约束机制和会计核算体系。对纳入深化“三农金融事业部”改革试点的县域支行给予一定的货币、财税和监管政策支持。

2010年5月，农业银行开始在8个省（区、市）开展深化“三农金融事业部”改革试点，进一步完善管理架构和运行机制，构建支持“三农”业务发展的制度安排。

政策性金融机构改革继续推进。围绕政策性功能定位、业务范围、国家注资、公司治理和内部改革、外部监管、配套改革措施等主要问题，人民银行会同有关部门，在充分借鉴国际成熟做法和经验的基础上，继续研究论证中国进出口银行和中国出口信用保险公司改革方案和公司章程，促进其不断提高服务对外经贸和企业“走出去”的能力和水平。同时，农业发展银行改革前期研究工作稳步推进，内部改革继续深化，改革的基础准备工作全面夯实。

专栏5 政策性银行改革的国际经验

政策性金融在世界各国经济发展和社会进步的过程中发挥着重要而独特的作用。从国际经验看，政策性银行的职能定位和业务范围是一个动态调整的过程。20世纪大萧条时期和“二战”以后至60年代，为应对经济危机和实现经济赶超，许多国家纷纷设立政策性银行。20世纪90年代以来至本次金融危机以前，随着经济金融全球化加速，商业性金融发展迅猛，直接融资市场更加成熟，一些国家认为政策性金融的使命已经完成，陆续启动政策性银行改革。部分政策性银行的股权结构由单一政府持股转向多元化，甚至公开上市，一些政策性银行进行了运行机制的市场化改革，经营服务方式实现了商业化转型和专业化运作。

本次国际金融危机后，国际社会重新认识到政策性银行的作用，积极推动政策性金融机构改革。一些政策性银行业务范围有所拓展。国家采取直接注资等方式支持政策性金融机构发展。部分国家适时调整了政策性银行改革的方向和步伐，如日本推迟了日本政策投资银行（DBJ）的民营化改革进程，韩国延缓了韩国产业银行（KDB）的私有化改革进程等，还有的国家正在考虑重建或创建进出口政策性银行。但是，一些“准政策性”金融机构因资产规模盲目、过度扩张而产生风险，也引发对政策性金融机构公司治理、风险管控及约束机制的高度关注。

政策性银行百年来改革发展的成功经验显示：大多数国家建立了完善的政策性金融体系，对政策性银行专门立法，并实行单独监管；政策性银行普遍享有政府注资、税收优惠、风险分担等显性或隐性支持，其业务领域和业务形式随着经济金融环境的变化不断动态调整，政策性银行不追求盈利，但在国家财政补贴的基础上一般具备财务可持续性，其发展依赖长期、稳定、低成本的资金来源，政策性银行普遍借鉴商业银行的治理模式，建立规范的董事会（理事会）运作机制和内部约束机制；政府对实施商业化转型的政策性银行普遍给予较长的过渡期安排。同时，本次国际金融危机也暴露出政策性银行发展中存在的不足，对推进我国政策性银行改革具有重要的启示：不可任由政策性银行的业务规模无节制的扩张，必须强化政策性银行的政策性功能定位，不可忽视批发性融资金融机构的风险防范。

农村金融体系进一步完善。2010 年，农村信用社改革继续深化，截至年末，全国共组建以县（市）为单位的统一法人农村信用社 1 976 家，农村商业银行 84 家，农村合作银行 216 家。2010 年 12 月，重庆农村商业银行在香港交易所成功上市，成为国内首家上市的农村商业银行，农村金融机构发展实现新的突破。新型农村金融机构发展步伐加快，截至 2010 年年末，全国共组建新型农村金融机构 509 家，农村金融服务覆盖面进一步提高。

其他机构改革继续稳步推进。中小商业银行公司治理不断改进，差异化、特色化经营取得积极进展。在华外资银行继续保持稳健运营。光大银行改革重组进一步深化，财务指标全面改善。2010 年 8 月 18 日，光大银行股票在上海证券交易所挂牌上市，募集资金 213 亿元。有关部门积极研究四家金融资产管理公司财务重组和股份制改革方案，平稳推进其商业化转型，适时启动信达资产管理公司改革试点。2010 年 6 月 29 日，中国信达资产管理股份有限公司成立，现代公司治理架构初步建立。

综合经营和金融创新取得新进展。2010 年，商业银行综合经营取得新进展，有 8 家商业银行投资设立了基金管理公司，4 家商业银行投资入股保险公司，7 家商业银行设立或投资入股金融租赁公司，2 家商业银行投资入股信托公司。金融创新稳步推进，小微企业金融服务创新取得新进展。截至 2010 年年末，共有 109 家商业银行成立了小企业金融服务专营机构，小微企业评级及定价制度不断优化，部分银行开发了联保贷、租权贷、应急贷、订单贷、专利权质押贷款和中小企业集合票据等一系列创新产品。

（二）信贷总量和结构日趋合理，重点领域信用风险管控仍需加强

合理把握信贷投放总量和节奏，信贷结构进一步优化。2010 年，银行业金融机构认真贯彻国家宏观调控政策，根据经济金融形势变化和自身经营运行情况，合理把握信贷投放总量和节奏，信贷增长从高位回归常态水平（图 2－6）。银行业金融机构按照“区别对待、有扶有控”的原则，加大对国家重点产业调整振兴、经济社会薄弱环节、就业、消费、节能环保、战略性新兴产业等方面的支持，特别是对“三农”和中小企业的信贷支持力度进一步加大。截至 2010 年年末，银行业金融机构涉农贷款余额 14.6 万亿元，占各项贷款余额的 28.6%，比上年同期提高 7.1 个百分点。中小企业贷款余额 17.7 万亿元，占各项贷款余额的 34.7%，比上年同期提高 0.9 个百分点。

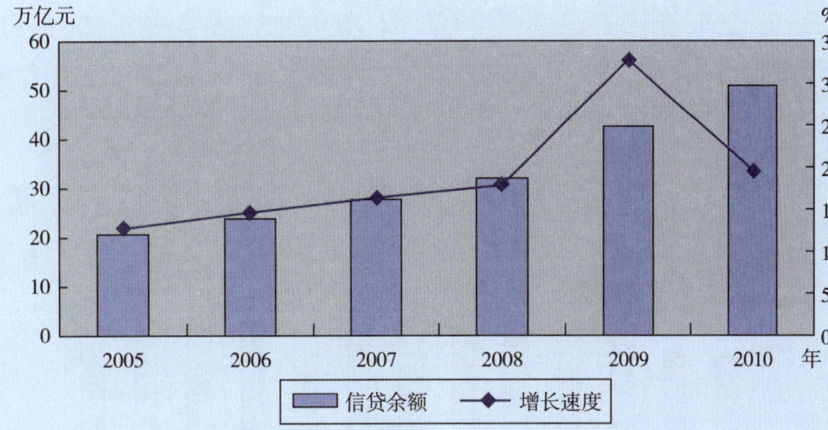

图 2－6　近年来我国信贷投放总量及增长速度

数据来源：中国人民银行。

资产质量持续改善，但风险管控仍需加强。2010 年，有关部门加强对地方政府融资平台债务清理；对房地产贷款实施差别化信贷政策，开展压力测试，严厉查处零首付、假按揭等违规行为；积极调整贷款结构，严控“两高一剩”行业贷款；规范银信合作理财、信贷资产转让和银行代理保险业务，强化合规经营和风险管理。银行业金融机构不良贷款额和不良贷款率继续低位“双降”。但从中长期看，信贷风险管控压力可能加大。**一是**银行业贷款总量增长过快，特别是政府融资平台贷款和房地产贷款以及表外风险敞口大幅增加，在经济周期波动等因素影响下，贷款质量可能下滑。**二是**银行业“贷大、贷长、贷集中”问题进一步加剧。从贷款期限看，截至 2010 年年末，中长期

贷款同比增速连续19个月超过30%，全年新增中长期贷款6.95万亿元，占全部新增贷款83.2%，同比上升15.7个百分点。从贷款投向看，个人贷款、制造业、批发和零售业以及交通运输业四类贷款占新增贷款比例达66.7%，同比上升7.2个百分点，信贷集中度进一步提高。**三是**部分银行特别是一些中小商业银行规模快速扩张，区域范围不断扩大，经营潜在风险不容忽视。

专栏6　2010年房地产信贷状况

2010年，房地产市场调控稳步实施，5月以来房地产贷款增速持续下滑。截至2010年年末，主要金融机构①房地产贷款余额9.35万亿元，同比增长27.5%，比4月末低18.9个百分点，比上年末低10.6个百分点；房地产贷款余额占各项贷款余额②的20.5%，比上年末高1.3个百分点。主要金融机构房地产贷款余额增速超过各项贷款余额增速7.6个百分点（图2-7）。全年房地产贷款新增2.02万亿元，占各项贷款新增额的27.4%，比上年高5.5个百分点。分地区看，全国31个省（直辖市）中，房地产贷款增速比上年末下滑的有23个。

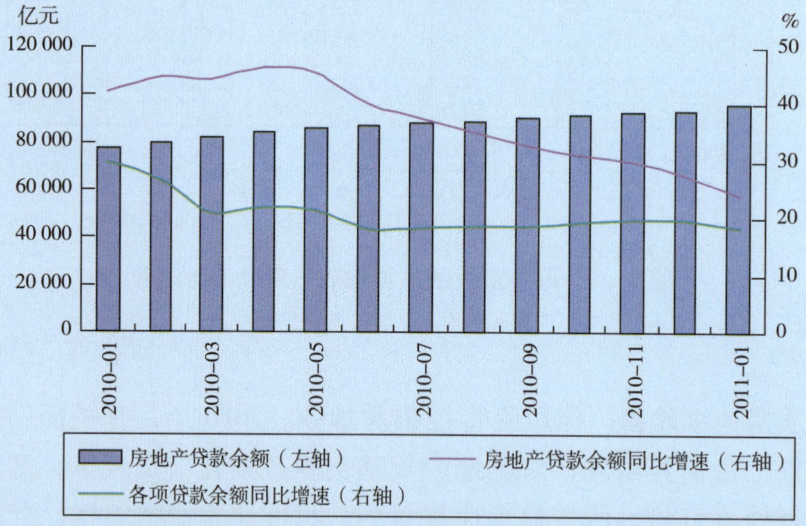

图2-7　全国主要金融机构房地产贷款余额及增速

数据来源：中国人民银行。

---

① 主要金融机构包括国有商业银行、国家开发银行及政策性银行、股份制商业银行、城市商业银行、农村商业银行、城市信用社、农村合作银行、农村信用社、邮政储蓄银行。

② 主要金融机构各项贷款余额。

房产开发贷款增速小幅波动上升。截至2010年年末，房产开发贷款余额2.28万亿元，同比增长23.0%，增速比上年末高7.2个百分点。其中住房开发贷款余额1.66万亿元，同比增长28.2%，增速比上年末高10.3个百分点。经济适用住房开发贷款同比增长32.0%，增速比房产开发贷款高9个百分点。2010年房产开发贷款增速未出现下滑态势，主要与当年房地产投资快速增长，尤其是国家大力推进保障性住房建设等因素有关。全年房产开发贷款新增4 269亿元，同比多增1 910亿元，其中上半年房产开发贷款新增3 187亿元，占全年新增额的75%。

个人住房贷款增速1~4月缓慢上升，5月以来持续下滑。截至2010年年末，主要金融机构个人住房贷款余额5.73万亿元，同比增长29.8%，增速比4月末低29.3个百分点。全年个人住房贷款新增1.31万亿元，同比少增818亿元，当月新增额从4月的1 767亿元逐步回落至12月的633亿元。

地产开发贷款增速持续大幅下滑，在经历了2009年的大幅攀升之后逐步回归到正常发展轨道。截至2010年年末，主要金融机构地产开发贷款余额8 326亿元，同比增长24.7%，增速比上年末低79.5个百分点。其中，政府土地储备机构贷款余额7 342亿元，同比增长27.5%，增速比上年末低95.2个百分点。全年地产开发贷款新增1 647亿元，同比少增1 759亿元，11月和12月连续两个月出现负增长（图2-8）。

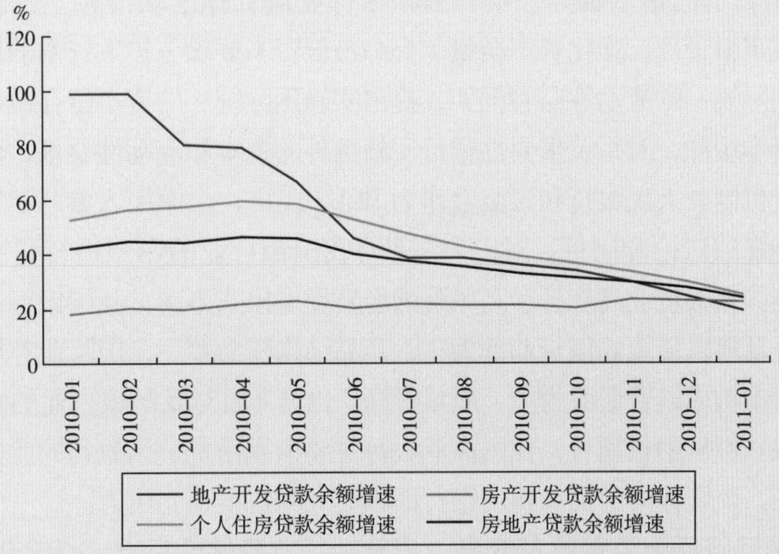

图2-8　全国主要金融机构各项房地产贷款余额增速

数据来源：中国人民银行。

（三）资本质量持续提升，资本补充和约束机制有待完善

资本质量持续提升。我国商业银行资本主要由质量较高的普通股和储备[①]等核心资本构成。与国际同业相比，次级债务、优先股等损失吸收能力较弱的附属资本占比不高，资本质量保持在较高水平。截至2010年年末，商业银行核心资本占资本净额的85.83%，比商业银行股份制改革初期的2005年提高20个百分点，保持了较强的损失吸收能力，资本质量持续提升。

资本补充和约束机制有待完善。当前我国商业银行资本补充方式仍较单一，主要依靠配股、发行次级债券及混合资本债券等外部融资渠道补充资本，内源性融资动力不足。同时，银行业金融机构虽然逐渐树立资本约束意识，开始应用经济资本、经济增加值和风险调整后的资本回报等先进管理方法，逐步建立资本监管和管理体系，但相关政策和技术手段还需改进，资本约束机制亟待完善。特别是在良好的经济环境下，银行业盈利过于依赖利差收入，很多银行倾向于粗放式增长，规模扩张冲动强烈，资本对银行业务发展的约束弱化，资本补充压力加大。

（四）结合国际银行业监管改革，监管水平进一步提升

积极参与国际银行业监管改革和标准制订，审慎评估巴塞尔Ⅲ对银行业的影响。2010年，国际银行业监管改革取得重大进展，巴塞尔银行监管委员会（BCBS）出台了巴塞尔Ⅲ等一系列国际银行业监管标准和准则。加强微观审慎监管和宏观审慎管理，强化资本质量、提高最低资本要求、扩大资本的风险覆盖范围，建立国际统一的流动性监管框架，提出实施国际统一的资本留存缓冲标准，建立逆周期资本缓冲，对系统重要性银行实施额外的资本和流动性要求，建立国际跨境银行处置机制。人民银行和银监会作为BCBS成员，全面深入参与巴塞尔Ⅲ等国际新监管标准的讨论和制订，对巴塞尔Ⅲ对我国银行业的影响进行研究。初步来看，与欧美国家银行业高杠杆、高风险的经营发展模式不同，我国银行业经营相对稳健，业务开展以传统的信贷业务为主，产品结构较为单一，国际业务规模及占比较小，且资本构成以普通股为主、质量较高，巴塞尔Ⅲ对我国银行业的短期直接影响比较有限。但从中长期看，我国商业银行主要依靠信贷扩张盈利的业务发展模式资本消耗高，监管标准的提高将使银行面临更大的资本补充压力。

借鉴国际银行业监管改革成果，提升银行业稳健性标准。结合巴塞尔Ⅲ监管理念和措施，针对缓解顺周期性、加强系统重要性银行监管等宏观审慎管理

① 主要包括资本公积、盈余公积、一般风险准备和未分配利润。

的要求，2010 年我国积极制定和完善银行业监管标准，引导商业银行建立动态资本补充和拨备机制，探索在最低资本充足率的基础上计提资本保留缓冲和逆周期资本缓冲；强化核心资本要求；进一步完善流动性监管框架，研究流动性覆盖率和净稳定融资比率等风险计量新指标。同时，研究加强对系统重要性银行机构的监管，探讨建立额外的资本和流动性要求等。

专栏 7 逆周期资本缓冲的研究及实践

此次国际金融危机暴露出金融体系存在较强的顺周期性，金融机构在经济上行时扩张资产和信贷，在经济下行时收缩资产和信贷，加剧了经济周期的波动。危机后，为加强逆周期调节、降低金融体系顺周期性，BCBS 提出建立逆周期资本缓冲机制。

逆周期资本缓冲是设置在资本留存缓冲基础上的资本要求，具体标准为普通股充足率增加 0 ~2.5 个百分点。其政策目标是通过发挥资本对信贷增长的约束作用，平抑信贷周期。BCBS 建议各经济体以私人部门信贷总量/GDP 对自身长期趋势的偏离度作为计提逆周期资本缓冲的指导变量，当一国信贷/GDP 接近或低于其长期趋势时，表明信贷风险较低，逆周期资本缓冲设定为零；当信贷/GDP 超过其长期趋势，表明信贷过度增长，系统性风险累积，应计提逆周期资本缓冲，控制信贷规模。根据这一制度安排，各国可依据本国信贷状况和系统性风险评估情况，自主确定逆周期资本缓冲的实施时机和缓冲规模，并可在信贷周期出现逆转时释放缓冲，帮助银行维持信贷资金正常周转。

目前，逆周期资本缓冲框架已初步确立，但国际统一规则与自由裁量权之间的平衡将成为政策制定的难点。各国逆周期资本缓冲要求不一致可能导致监管套利，国际活跃银行可能会调整在不同国家的风险暴露，以达到较低的逆周期资本缓冲。此外，统一的逆周期资本缓冲要求有可能导致银行逆向选择，倾向于开展高风险、高收益的信贷业务。针对单个银行提出有效的缓冲要求，将成为完善逆周期资本缓冲框架的挑战。

逆周期资本缓冲框架得到了国际社会的积极响应，已有部分国家着手推动建立本国的逆周期资本缓冲制度，如瑞士就已表示将要求瑞士信贷和瑞银集团两家大银行建立 0 ~2.5% 的逆周期资本缓冲。我国也在研究以信贷/GDP 为指导变量，建立银行体系的逆周期资本缓冲，并运用差别准备金率等政策工具激励金融机构执行更加审慎的资本要求。

探索建立宏观审慎管理框架，丰富监管工具和手段。针对此次国际金融危机暴露出系统性风险管理不足的弊端，2010 年，人民银行会同有关部门研究制定宏观审慎管理框架，丰富有关管理工具和手段，探索建立差别准备金动态调整制度，指导商业银行开展压力测试，不断完善监管工具和手段，提升系统性风险防范能力。监管部门出台了一系列指引和办法，强化银行风险管理和公司治理建设，规范外部审计监管和融资性担保行为，加强信托公司净资本管理，促进银行业稳健经营。

专栏8　2010 年我国银行业压力测试取得新进展

根据2009 年人民银行与国际货币基金组织、世界银行签订的《中国金融部门评估规划评估范围备忘录》，2010 年，中国金融部门评估规划（FSAP）稳步实施。开展银行业压力测试是其中的一项重要内容，旨在对中国银行业的稳健性及风险状况进行定量分析，考察银行体系的抗风险能力和稳健性状况，揭示潜在的风险隐患。为有序推进 FSAP 压力测试工作，人民银行和银监会联合成立了 FSAP 压力测试工作小组，组织 17 家主要商业银行开展压力测试工作。

此次 FSAP 压力测试采用自上而下和自下而上相结合的方式，重点考察 17 家主要商业银行的信用风险、市场风险、流动性风险和传染性风险。其中，信用风险压力测试考察银行整体信贷资产以及房地产贷款等结构性信贷资产质量变化对银行的不利影响；市场风险压力测试考察存贷款基准利率变化、各类债券市场收益率曲线平行移动以及人民币汇率变化对银行的不利影响；流动性风险压力测试考察银行的存款流失、存款准备金率上调、资产价格下降以及同业存款或拆借资金规模下降等因素共同作用对银行的不利影响；传染性风险压力测试考察大型商业银行之间的风险关联性和传染性。

压力测试结果表明，受益于股份制改革，我国银行内控体系不断完善、资产质量不断提高，银行资本普遍比较充足、流动性状况良好、对各类风险敞口的管理比较审慎，银行体系对各类风险冲击的缓释能力较强，总体运行稳健。

三、展望及改革措施

2011 年，银行业经营环境仍将面临较大的不确定性，按照“十二五”规划的总体要求，金融支持经济发展方式转变和经济结构调整的任务依然十分艰巨。为此，银行业要落实好稳健的货币政策，进一步加强宏观审慎管理，着力防范和化解重点领域潜在风险，转变发展方式，提高稳健性标准，强化内部约束，继续深化改革，全面提升综合实力和抗风险能力。

落实稳健的货币政策，支持经济结构调整和发展方式转变。均衡把握贷款投放总量和节奏，认真落实差别准备金动态调整政策，保持银行体系流动性和社会融资总量适度合理。坚持“区别对待、有扶有控”的原则，着力优化信贷结构，充分发挥信贷政策在经济结构调整中的引导作用，加大对战略性新兴产业、节能环保产业、现代服务业、科技自主创新等的金融支持，严格控制对高耗能、高排放和产能过剩行业贷款。将更多的信贷资金投向中小企业和“三农”领域，加大金融支持经济发展方式转变和经济结构调整的力度。

强化重点领域信用风险管理，提高信贷资产的安全性。银行业金融机构应密切关注经营环境的变化，加大对重点领域信用风险的管理力度，防止信贷资产质量下滑。强化政府融资平台贷款风险管理，切实做好地方政府融资平台贷款清理工作，严格控制、审慎发放并科学管理新增平台贷款。认真落实国家房地产调控政策，严格实施差别化的住房信贷政策，加强房地产信贷管理，防止出现假按揭和“次级房贷”，严禁信贷资金违规进入房地产投资投机领域。同时，合理调整信贷投向和期限结构，降低贷款集中度风险，缓解资金期限错配问题。

转变经营发展方式，强化资本约束机制。今后一个时期，银行业要加快转变发展方式，改变过于依赖规模扩张的粗放经营模式，结合自身优势和区域特点稳步推进金融服务和金融产品创新，避免低水平同质化竞争。大力发展中间业务，改善收入结构，增强综合盈利能力。同时，要强化资本约束机制，提高资本质量，根据资本的风险承受能力合理拓展业务，加强内部积累，增强资本约束机制的有效性。

加强宏观审慎管理，提升银行业稳健性标准。我国将积极借鉴国际银行监管改革最新成果，根据银行业发展实际，构建逆周期宏观审慎管理框架，合理提高银行业稳健性标准。提高资本质量和水平，扩大资本的风险覆盖范围，探索建立资本留存缓冲和逆周期资本缓冲，引入杠杆率监管指标；探索建立国际统一的流动性监管标准；加强系统重要性银行监管，研究对系统重要性银行实施更高、更审慎的监管标准，全面实施巴塞尔Ⅱ和巴塞尔Ⅲ；完善跨境银行监管和处置的合作机制。拓展压力测试应用范围，完善数据基础和技术方法，逐步将其纳入银行业金融机构全面风险管理体系。加强对信托投资公司、金融租赁公司、财务公司等非存款类金融机构的监督管理，积极防范和化解非存款类金融机构、融资性担保公司、典当行以及民间融资行为的关联性风险，进一步夯实银行业稳健运行的基础。

继续深化改革，完善多元化的银行组织体系。进一步推进已改制大型商业银行完善现代金融企业制度，重点推动农业银行“三农金融事业部”改革。深入推进国家开发银行商业化转型，完善公司治理。加快推进中国进出口银行改革，不断提高其服务对外经贸和企业“走出去”的能力和水平。研究推动农业发展银行改革。积极推动中小商业银行改革。稳步推进金融资产管理公司改革试点。继续深化农村信用社改革，提升服务“三农”和中小企业的水平，完善农村金融政策扶持配套体系。在科学规划的基础上规范发展新型农村金融机构，健全和完善多元化的银行组织体系。

第三章

证券期货业

2010 年，证券期货经营机构坚持合规运作、规范发展，经营保持总体稳健。资本市场运行基本平稳，股指期货顺利推出，市场发展实现新突破，服务国民经济发展的能力进一步提高。

一、运行状况

（一）市场规模继续增长，机构投资者主导地位进一步增强

股市规模稳步扩大。2010 年末，沪深两市上市公司 2 063 家，比上年增加 345 家。A 股市场总市值 26.54 万亿元，流通市值 19.31 万亿元，同比分别增长 8.81% 和 27.67%。上证综合指数收于 2 808.08 点，比上年末下跌 14.31%，深证成分指数收于 12 458.55 点，比上年末下跌 9.06%（图 3－1）。2010 年全年，沪深两市日均股票交易金额 2 254 亿元，比上年增长 2.64%。531 家企业在 A 股市场发行融资，股权和债务融资规模达 10 275.21 亿元，同比增长 122.91%，融资总额和发行家数均创历史新高。

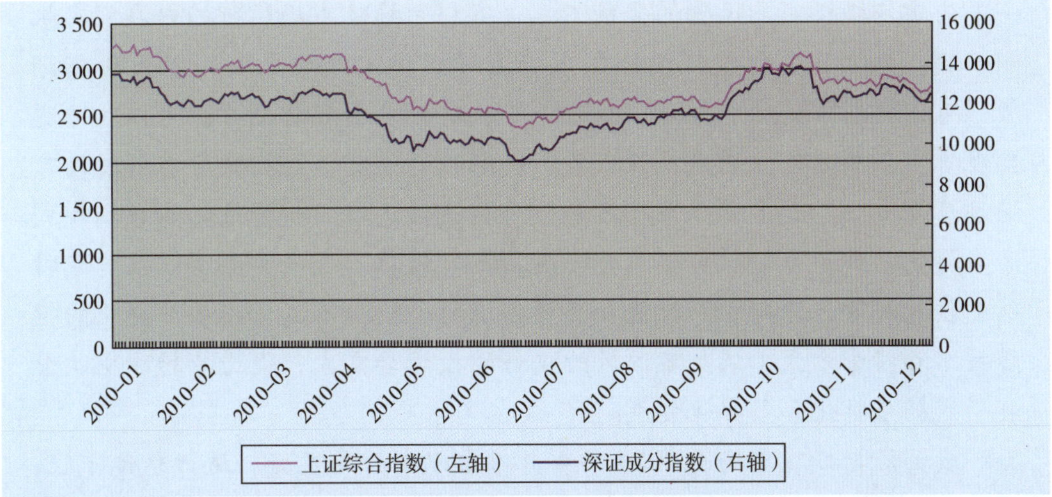

图 3－1　2010 年上证综合指数和深证成分指数走势（以收盘价为准）

数据来源：上海证券交易所、深圳证券交易所。

期货交易规模大幅增长。2010 年，期货市场共成交 15.67 亿手，成交金额 154.56 万亿元，同比分别增长 42.25% 和 136.8%。其中，商品期货成交 15.21 亿手，成交金额 113.49 万亿元，同比分别增长 40.9% 和 73.9%；股指期货成交 0.46 亿手，成交金额 41.07 万亿元。

投资者数量稳步增长。2010年末，沪深两市共有A股账户15 204.1万户，B股账户250万户，基金账户3 404.2万户，分别比上年末提高10.32%、1.57%和9.05%。其中，机构投资者持有已上市流通A股市值13.74万亿元，占已上市流通A股市值70.85%，比上年末增加2.17个百分点，机构投资者市场的主导地位进一步增强。

（二）市场基础性制度建设稳步推进，市场运行机制不断完善

股指期货推出后运行总体平稳。2010年4月16日，沪深300指数期货在中国金融期货交易所挂牌交易。推出股指期货、引入做空机制有利于构建市场稳定运行的内在机制，是我国资本市场基础性制度建设的重要举措之一。上市以来，股指期货总体运行平稳，客户交易较为理性，交割平稳顺利，与沪深300现货指数拟合性良好，市场风险基本可控。

专栏9　股指期货的功能及需关注的问题

股指期货是资本市场的基础性制度之一，股指期货的推出意义重大。一是为市场提供对冲风险的金融工具，有利于构建市场运行的内在稳定机制。股指期货具有做空机制，在市场上涨出现泡沫迹象时，卖出股指期货，可以抑制市场的非理性；在市场下跌时，卖出股指期货，可以对冲股票现货市场整体下跌的系统性风险，缓解投资者集体性抛售股票引发的市场过度调整。二是丰富了市场品种，有利于促进市场投资策略和盈利模式的多样化。作为基础性金融工具，股指期货的推出进一步丰富了投资者特别是机构投资者进行资产配置和交易投资的手段，有利于发展多样化的投资策略和投资方式，满足不同风险偏好的投资者需求，促进市场和机构盈利模式的多样化和差异化发展。

我国股指期货市场自2010年4月推出以来开局良好，运行总体平稳，但仍需要关注以下问题。**一是交易持仓比[①]较高，机构投资者参与尚不充分。**截至2010年年末，我国股指期货个人客户占比超过90%，交易持仓比高达9.43倍，远高于成熟市场股指期货主力合约交易持仓比10%的水

---

① 交易持仓比是指交易量与持仓量的比值。由于期货市场的参与者根据交易目的的不同可分为套期保值交易者和投机交易者，一般而言，套期保值交易者会在一段时期内持有头寸（即持仓），而较少参与日内交易。因此，交易持仓比越小，表明市场内套期保值交易者越占主导。

平。与成熟市场股指期货主要参与者是各类专业机构投资者相比，目前我国股指期货市场的机构投资者较为单一，主要以证券公司为主，保险等其他机构投资者尚未参与，市场投资者结构有待进一步改善。**二是关注潜在的信息型市场操纵行为，进一步完善防范机制。**股指期货市场对各类宏观政策的反应较为敏感和迅速，随着互联网的广泛应用，不排除部分市场主体故意散布虚假信息和传言影响市场走势的可能，导致信息型操纵行为的出现。有必要加强部委间的沟通协调，进一步规范政府信息发布机制，防范信息被人蓄意利用引发股指期货市场上的违规操作。**三是基差较大，期现套利机制有待进一步完善。**股指期货挂牌交易以来，部分远月合约的基差（即期货点数减现货点数）水平持续高于成熟市场的水平，反映了我国股指期货的定价效率有待进一步提高。**四是催生高频交易①等新交易方式，潜在的跨市场风险值得关注。**随着股指期货的推出，国际市场一些新的交易方式（如高频交易）也在我国期货市场中陆续出现。高频交易的大量运用不仅会给交易所的交易系统稳定性带来挑战，加剧市场波动，影响市场稳定，还会使期货和现货市场之间的传导机制更加复杂，跨市场联动性增强，与之伴随的风险值得关注。

融资融券业务试点启动。按照“试点先行，逐步推开”的思路，2010 年 3 月，证券公司融资融券业务试点工作启动。截至 2010 年年末，共有 25 家证券公司获试点资格，累计开户 4.2 万户，成交金额 1 197.7 亿元，其中融资交易金额累计 1 173.24 亿元，占 98%；融券交易金额累计 24.45 亿元，占 2%。目前，证券公司融资融券业务试点工作运行平稳，证券市场的信用交易机制初步建立。

新股发行体制改革深化。按照不断提高市场约束、积极推动市场主体归位尽责的原则，在全面总结第一阶段改革经验的基础上，2010 年 10 月，新股发行体制第二阶段改革启动。主要措施包括：进一步完善询价过程中报价和配售约束机制，提高单个机构获配股份数量，扩大询价对象范围，充实网下机构投资者，增强定价信息透明度，完善回拨和中止发行机制。这些措施进一步强化了新股发行过程中各参与主体的市场约束，改革的市场化方向得到认同，改革的成效逐步显现。

期货市场功能不断完善。出台加强交易所自律管理工作指引，对品种上市、监查、规则修改等环节进行全面规范。强化市场监测监控，妥善处置部分

---

① 高频交易（High - frequency Trading）是一系列计算机自动化交易策略的统称，高频交易者应用计算机程序分析市场数据，通过计算发现瞬间的交易机会，频繁买进卖出。

期货品种价格剧烈波动风险。推广期货产品服务产业发展的成功经验和典型模式，推动实体企业利用期货市场指导生产经营、贸易定价和管理风险。开展已上市品种功能评估，完善产品合约和业务规则。引导期货公司更多地发展产业客户，提供专业化服务。

（三）法律体系进一步完善，防范和打击内幕交易工作初见成效

2010年，法制建设继续推进，积极推动《证券投资基金法》和《期货交易管理条例》的修订，进一步完善《上市公司监督管理条例》、《证券投资基金保护条例》草案。推动制定内幕交易、操纵市场犯罪认定标准，研究制定证券期货犯罪案件移送、集中管辖等程序性规定。同时，国务院转发五部委《关于依法打击和防控内幕交易的意见》，对内幕交易打击防控工作进行了统一部署，进一步明确了国务院相关部门、地方政府和监管部门的职责任务，“群防联控、综合防治”的内幕交易防控体系初步形成。证券监管部门研究完善股价异动的信息披露和停复牌制度，坚持“异常即核查、涉嫌即暂停、违规即终止”，推进上市公司内幕信息知情人登记制度，开展内幕交易专项打击行动，快速查处了“中山公用”等内幕交易大案。

（四）诚信合规监管得到强化，市场主体规范运作发展

上市公司监管得到加强。证券监管部门开展“解决同业竞争、减少关联交易”专项活动，出台《上市公司现场检查办法》，将控股股东、实际控制人纳入检查范围，规范上市公司财务信息披露，强化创业板上市公司募集资金使用和高管减持行为监管。

证券期货经营机构得到规范。强化证券公司合规管理和分类监管，督促证券公司建立信息隔离墙制度和压力测试制度，完善风险控制指标动态调整机制。支持符合条件的证券公司上市，鼓励设立直接投资、资产管理子公司。促进基金业创新发展，实施基金产品分类审核，稳步推进特定客户资产管理业务发展和基金销售机构专业化发展。开展第三方支付机构参与基金网上销售结算业务试点。推动基金公司、证券公司的香港子公司境外募集资金境内证券投资的试点工作。规范证券服务机构执业，制定《证券投资顾问业务暂行规定》和《发布证券研究报告暂行规定》，发布律师事务所证券法律业务执行规则。推进期货公司净资本监管和保证金监管。推行期货公司分类监管制度，完成分类评价工作。启动期货投资者保障基金筹集工作。研究期货公司开展创新业务试点方案。

证券期货诚信监管取得突破。创新推出诚信监管与约束制度，建立完善全国统一的证券期货市场诚信档案，记录市场主体违法失信行为信息，大力推动部际诚

信信息共享，实现诚信档案与人民银行征信系统成功联通，制定出台专门管理办法，把诚信记录与市场准入门槛和监管执法尺度挂钩，强化失信惩戒与约束。

（五）对外开放不断推进，我国资本市场国际影响力得到提升

2010 年，新批合资基金管理公司 2 家，合资基金管理公司总数达 37 家，约占全部 63 家基金管理公司的 58.7%。批准 3 家合资证券公司筹建，合资证券公司总数将达 12 家。新批 13 家合格境外机构投资者（QFII）资格，进一步扩大了境外中长期投资机构参与境内资本市场的资金规模。积极支持企业利用境外资本市场融资，2010 年境外筹资超过 353.8 亿美元，达到历史第二高位。研究论证国际板建设总体方案，探索国际板建设的制度安排。

二、稳健性评估

（一）股票融资功能不断增强，社会融资结构进一步优化

2010 年，股票融资功能进一步强化，A 股股票筹资总额达 9 672.29 亿元，创历史新高。其中，首发筹资 4 882.63 亿元，公开增发筹资 377.15 亿元，定向增发筹资 2 172.68 亿元，配股筹资 1 438.25 亿元，权证行权筹资 84.28 亿元，可转债筹资 717.3 亿元。股票融资功能的强化提升了我国直接融资比例，进一步优化了社会融资结构（图 3－2）。

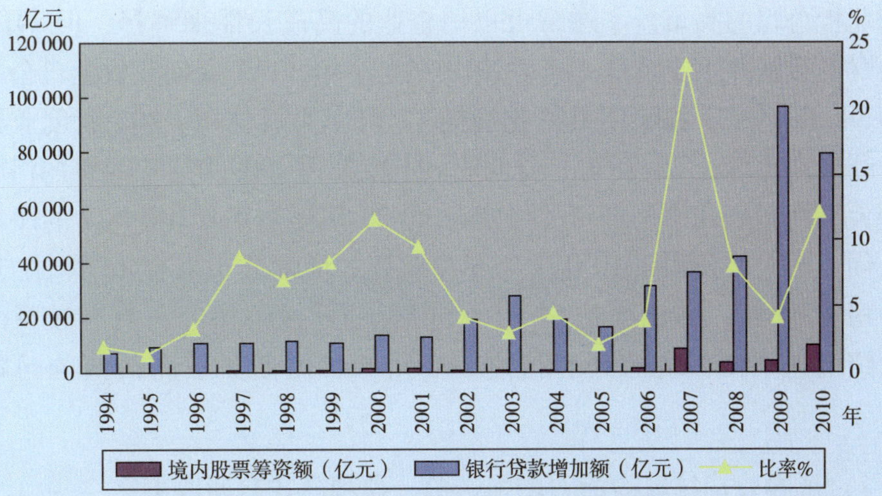

图 3－2 1994～2010 年境内股票融资和银行贷款融资规模及比例

数据来源：中国人民银行、中国证监会。

（二）A 股市场估值总体合理，但创业板高估值问题需关注

2010 年，A 股市场估值水平总体合理。截至 2010 年年末，A 股静态市盈率为 20.09 倍，较年初 34.42 倍的市盈率下降了 41.63%。从细分市场来看，创业板上市公司的估值水平明显偏高。截至 2010 年年末，中小板、创业板静态市盈率分别为 49.12 倍、70.75 倍（图 3－3）。

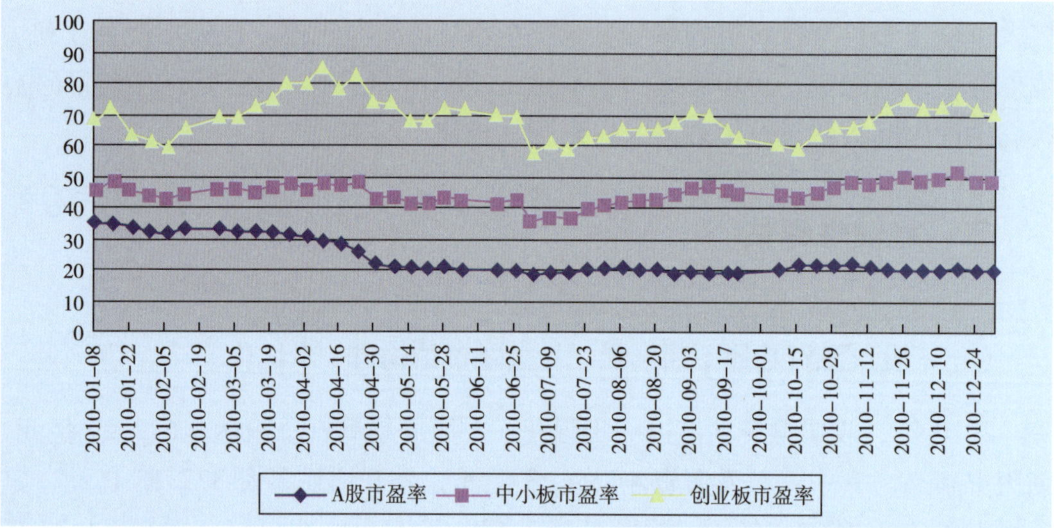

图 3－3　2010 年 A 股市盈率

数据来源：wind 资讯。

创业板公司的高市盈率通常可以用企业的高成长性来解释，但 2010 年上半年的财务数据并不支持这一点。2010 年上半年，117 家创业板上市公司的净利润为 34.35 亿元，扣除不具可比性的 12 家创业板公司，105 家创业板上市公司净利润同比增长 25.75%，与创业板上市公司 2009 年 47.04% 的增幅相比出现较大下滑，也低于全部 A 股上市公司 2010 年上半年 46.48% 的净利润增幅。从创业板上市公司 2010 年上半年净利润的增幅分布来看，增幅在 30% 以下的公司有 61 家，占比高达 58.1%。由于创业板公司经营具有较高的波动性，业绩增速下滑的现象还有待进一步观察，但创业板高估值的问题值得关注。

（三）证券公司抗风险能力增强，单一盈利模式有所改善

截至 2010 年年末，全国 106 家证券公司净资产 5 664 亿元，同比增长 17%；净资本 4 319 亿元，同比增长 13%。全行业平均来看，每家证券公司净

资本40.7亿元，净资本/各项风险资本准备之和为3.9倍，净资本/净资产为76%，净资本/负债为2.5倍，净资产/负债为3.3倍，按照剔除客户资金的资产和负债计算的资产负债率为23%。证券公司各项风控指标均符合监管规定，全行业流动性充足，负债水平较低，抵御市场风险能力较强。全行业全年实现营业收入1 911.02亿元，同比下降6.8%。其中证券经纪业务及代销金融产品、投资咨询服务净收入1 084.90亿元、证券承销与保荐及财务顾问业务净收入272.32亿元、受托客户资产管理净收入21.83亿元、证券投资收益（含公允价值变动）206.76亿元（图3-4），全年累计实现利润775.57亿元，较上年降低16.85%。与上年相比，证券承销与保荐及财务顾问业务净收入、受托资产管理业务净收入略有上升，自营业务净收入、经纪业务收入有所下降，经纪业务净收入下降的主要原因是佣金率下降。从收入构成看，经纪业务仍然是证券公司主要的收入来源，比重高达56.77%，但与去年同期相比，经纪业务收入占比下降了12个百分点，证券公司靠单一经纪业务盈利的状况有所改善。

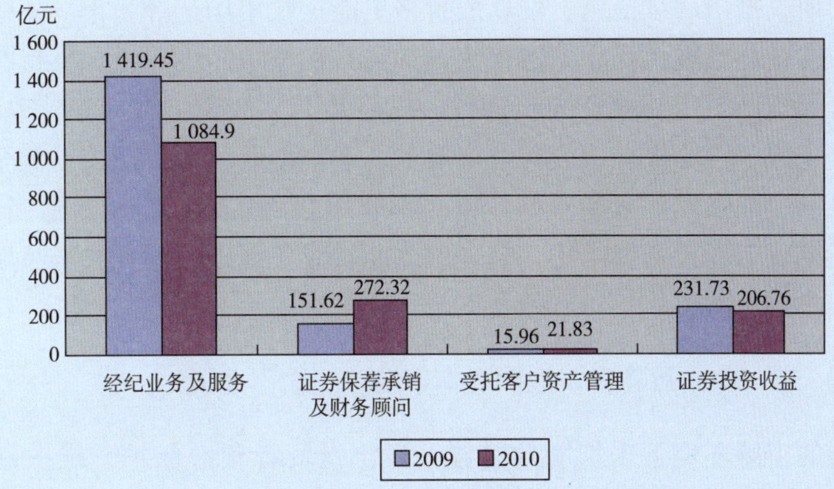

图3-4 2009~2010年证券公司收入对比

数据来源：中国证券业协会。

（四）私募基金发展迅速，潜在风险值得关注

近年来我国各种形式的私募基金发展很快，主要以民间私募基金和阳光私募基金两种形式存在。民间私募基金缺乏明确的法律规范，尚未纳入监管范围，容易滋生非法集资等违法违规行为，且投资者与管理人之间产生纠纷时，当事人利益难以得到有效保护。阳光私募基金虽较民间私募基金规范和透明，

但规模较小，大量民间私募基金游离于监管体系之外，容易加大金融体系风险。此外，基金管理公司特定客户资产管理业务、证券公司集合理财计划、商业银行个人理财产品、信托公司集合资金信托等理财产品发展迅速，但上述各类理财产品法律基础不统一，监管要求差异大，存在监管交叉和监管真空。

三、展望及改革措施

我国资本市场总体上仍处于发展阶段，市场基础有待加强，市场体系和结构仍需完善，证券期货经营机构的竞争力和创新能力相对薄弱。2011 年要根据“十二五”规划关于大力发展金融市场的要求，继续大力推进资本市场持续稳定健康发展，更好地服务经济社会发展全局。

（一）继续推进市场机制建设，着力提高市场效率

继续深化新股发行制度改革，落实新股发行体制第二阶段的改革措施，总结经验，研究推出后续措施，使新股价格更能反映市场选择，市场主体的行为更加审慎自律；推进市场化并购重组，加强并购重组制度建设，支持符合条件的上市公司资产重组与融资同步进行，规范和引导借壳上市；完善退市制度，抓紧推进主板、中小板上市公司退市改革，建立创业板退市制度，健全退市责任追究机制；加强期货市场基础建设，研究建立商品期货投资者适当性制度，完善股指期货市场投资者结构，梳理修改期货业务规则，健全农产品期货服务“三农”的机制和模式。

（二）进一步加强监管，维护资本市场“三公”原则

在新的市场环境下采取有效措施，强化投资者利益保护，维护资本市场“三公”原则，增强投资者信心。严厉打击内幕交易，建立上市公司内幕信息知情人登记管理制度，强化信息披露和股价异动监管联动，加大行政和刑事追责力度；强化对上市公司的监管，加强关联交易监管，严厉打击上市公司向关联方输送利益和配合关联方股价等违法违规行为；加强对证券经营机构的监管，督促证券公司落实信息隔离墙制度，加强保荐业务和财务顾问业务监管，将直投业务纳入常规监管；严厉打击“老鼠仓”、非公平交易和各种形式的利益输送行为；促进期货公司规范发展，优化期货公司风险监测监管指标和净资本计算标准，完善净资本动态监控机制，做好期货公司分类监管和分类评价，支持期货公司通过兼并重组、增资扩股等方式做优做强。

（三）加快多层次资本市场体系建设，扩大直接融资规模

在巩固现有市场层次的基础上，加快场外市场建设步伐，拓展市场覆盖面，构建相互补充、相互促进、协调发展的多层次资本市场体系，促进直接融资发展。在总结中关村科技园区企业进入代办股份转让系统试点工作的基础上，抓紧启动试点范围扩大工作，实现符合条件的国家高新区非上市公司股份公开挂牌转让。研究制定非上市公众公司管理办法，建立非上市公众公司监管制度。

（四）稳妥推进资本市场创新，完善监管机制和手段

针对我国资本市场创新不足的现状，应在风险可测、可控的前提下稳步推进资本市场创新。引导证券公司持续提升专业服务能力，鼓励投资顾问业务发展，加快经纪业务转型升级。完善证券公司融资融券管理办法和配套规则。稳妥推进跨市场、跨境交易型开放式指数基金试点工作。研究规范私募基金的制度安排。稳妥推进期货品种和业务创新，开展原油期货、商品期权、商品指数和碳排放权交易研究，开展期货公司投资咨询业务试点。伴随着资本市场机构创新和产品创新，市场运行的复杂程度和各个市场之间的关联性显著增加，需要积极探索新形势下监管机制和手段创新。

专栏10 高频交易对股市影响的案例分析

近年来，发达国家证券市场各种交易方式不断创新，其中，高频交易逐渐成为市场交易主流。高频交易在提高市场效率、增加流动性的同时，也蕴涵着潜在的风险，在一定条件下甚至可能造成市场崩溃的严重后果。据TABB Group统计，美国市场高频交易的份额已从2005年的1/5提高到2009年的近2/3。美国股票市场“5・6”大跌就是这一新型交易方式引发市场异动的典型案例。

2010年5月6日下午2点40分左右，在短短5分钟内，美国道指和标普500指数等主要股指出现超过5%的异常下跌。其中，道指盘中跌998点，跌幅达9.2%，创有史以来最大单日绝对跌幅。在随后的20分钟内，约有300多种证券的20 000多笔交易成交价偏离其2:40时价格的60%以上，一些股票成交价格严重偏离常态，部分股票成交价甚至低至1美分，而部分股票的成交价高达100 000美元。期间，股指期货、交易所

交易基金（ETF）也相继暴跌，跌幅甚至超过股票市场。之后，股票市场、股指期货市场及交易所交易基金市场迅速恢复常态，呈现出深V字形的行情（图3-5）。

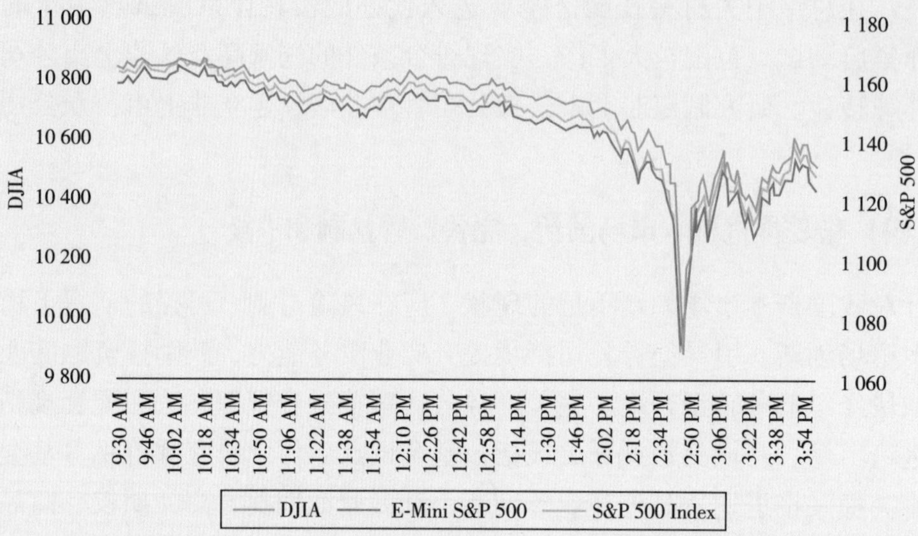

图3-5　5月6日道指（DJIA）、S&P 500及E-Mini S&P 500期货合约分时走势

数据来源：CFTC和SEC联合调查报告。

美国监管当局调查认为，此次市场极端行情是由一系列因素造成的：一是当天受欧洲主权债务危机等多重利空因素影响，美股市场悲观气氛浓厚，市场买方需求大幅下降。二是利用市场的不确定性，高频交易者通过快速报单、撤单以及频繁交易的方式（持有标的证券时间极短）制造了虚假的市场流动性。据统计，在5月6日下午短短15秒之内，高频交易者成交了27 000份标普500股指期货迷你合约，占当日总成交量的47%，然而期间净买入的合约仅200份。三是受虚假流动性的误导，一家共同基金公司通过程序化交易卖出大额标普500股指期货迷你合约，导致股指期货市场迅速崩溃。四是股指期货的瞬间暴跌形成了套利空间，套利者在股指期货、交易所交易基金（ETF）以及现货股票之间进行套利，使得其他两个市场也相继暴跌。而高频交易、程序化交易等在此过程中追涨杀跌，由此形成的"羊群效应"加剧了跨市场的负反馈联动，相关市场均出现了螺旋式下跌行情。

对于我国而言，尽管市场发展阶段有所差异，高频交易也未在我国证券期货市场上大规模运用，但仍应密切关注这一新型交易方式对交易所系统安全运行、市场监管以及市场公平性带来的挑战。

第四章

保 险 业

2010 年，保险业继续保持良好发展势头，行业转变发展方式的成效逐步显现，盈利大幅增加，监管进一步完善，较好地发挥了经济补偿和社会风险管理功能。

一、运行状况

资产规模不断壮大，经营体系更加健全。截至 2010 年年末，保险公司总资产 5.05 万亿元，同比增长 24.4%（图 4－1）。其中，外资保险公司资产 2 649.4亿元，同比增长 29.1%，在保险公司总资产中占比 5.24%。保险业资金运用余额 4.6 万亿元，同比增长 23.1%。其中，银行存款 1.39 万亿元，占保险资金运用总额的 30.21%；债券投资 2.3 万亿元，占比 49.85%；股票投资 5 117 亿元，占比 11.11%；证券投资基金 2 620.7 亿元，占比 5.69%。保险法人机构达到 142 家，同比增长 4 家。其中，保险集团和控股公司 8 家，财产险公司 54 家，人身险公司 61 家，再保险公司 9 家，资产管理公司 9 家，出口信用保险公司 1 家。保险专业中介机构 2 550 家，比上年减少 20 家，兼业代理机构 19 万家，比上年增加 4.1 万家，营销员 329 万余人，比上年增加 39 万人。

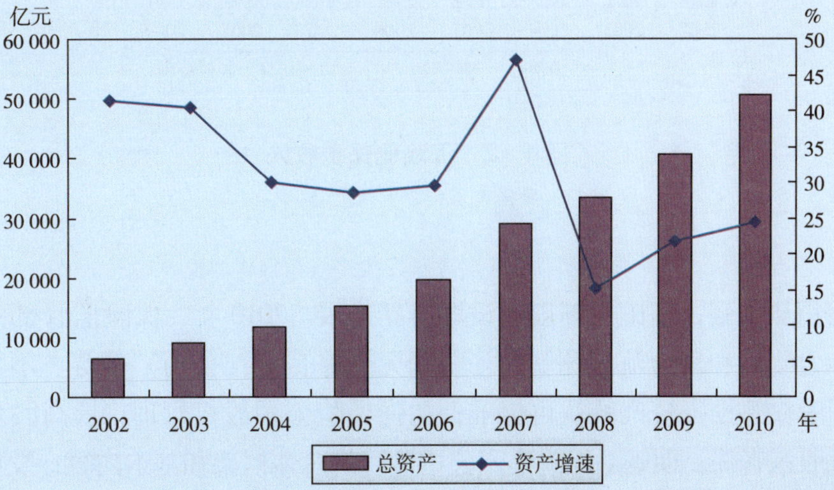

图 4－1　保险业总资产及增速

数据来源：中国保监会。

保费收入大幅增长，覆盖面进一步扩大。2010 年，全国保险业实现保费收入 14 528 亿元，同比增长 30.4%（图 4－2）。其中，财产险保费收入 3 895.6亿元，同比增长 35.5%，增速同比提高 12.4 个百分点；寿险保费收入

9 679.5亿元，同比增长29.8%，增速同比提高17.8个百分点；健康险保费收入677.5亿元，同比增长18%；意外险保费收入275.4亿元，同比增长19.7%。外资保险公司实现保费收入634.3亿元，同比增长38.5%，在全国保费收入中占比4.37%。我国保险密度达到1 083元，同比增加249元；保险深度为3.65%，同比上升0.35个百分点。在企业年金市场建立企业年金的企业中，97%以上选择养老保险公司作为受托人，45%以上的企业年金基金由保险机构管理。保险业积极服务和支持"三农"，农业保险覆盖的农户数达1.4亿户次，提供风险保障3 943亿元，同比分别增长5.2%和3.4%。农村小额保险覆盖范围扩大到24个省，参保人数超过2 000万人。

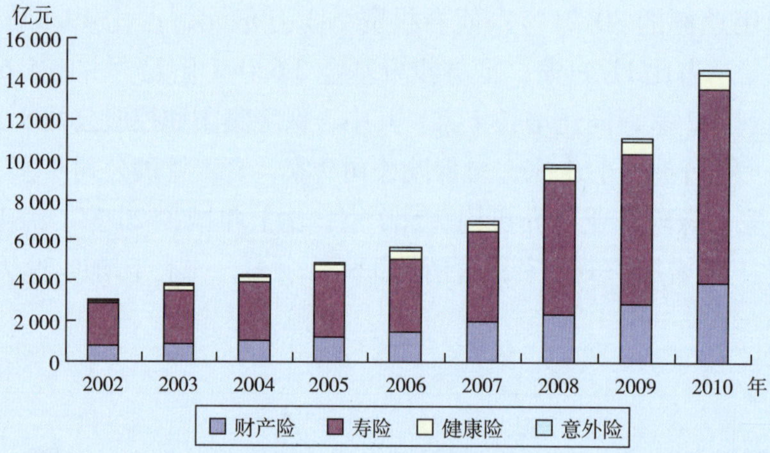

图4-2 保险业保费收入

数据来源：中国保监会。

监管得到加强，基础性制度建设取得新进展。2010年，保险监管部门完善动态偿付能力测试和现金流监测制度，明确无担保企业（公司）债券、不动产、未上市公司股权等投资资产的认可标准；加强保险公司股权管理，提高股东准入门槛，强化股东责任；明确对保险集团公司监管的总体框架和基本内容；发布保险公司内部控制基本准则和全面风险管理实施指引，要求保险公司建立全面风险管理体系；发布《保险资金运用管理暂行办法》，整合、细化和调整已有资金运用政策，进一步放宽保险资金运用的投资品种、范围和比例（表4-1）。在保护被保险人利益方面，建立完善保险服务标准和赔付程序公开制度。在会计制度方面，发布《关于保险业做好〈企业会计准则解释第2号〉实施工作的通知》，要求保险公司全面实行新会计准则。在信息披露方面，发布《保险公司信息披露管理办法》，要求保险公司将反映其经营状况的主要信息向社会公众公开。

表 4-1　保险资金投资品种、范围和比例规定的变化

投资项目	新规定	原规定
存款、政府债、央行票据、政策性银行债券和货币市场基金	不低于总资产的 5%	政府债、央行票据和政策性银行债券和次级债券合计不低于总资产的 5%
有担保企业（公司）类债券	可自主确定投资总额国内信用评级不低于 A 级或相当于 A 级	投资总额自主确定，国内信用评级不低于 AA 级或相当于 AA 级
无担保企业（公司）类债券	不超过总资产的 20%，国内信用评级不低于 AA 级或相当于 AA 级	不超过总资产的 15%，国内信用级别不低于 AAA 或相当于 AAA 级
股票和证券投资基金	合计不超过总资产的 25%	此前无合计规定
其中：股票和股票型基金	合计不超过总资产的 20%	股票投资不超过总资产的 10%
证券投资基金	不超过总资产的 15%	不超过总资产的 15%
境外投资	不超过总资产的 15%，可投资港股主板市场	不超过总资产的 15%，对具体投资品种无规定
未上市企业股权	不超过总资产的 5%	此前无规定，未上市银行股权投资不超过总资产的 3%
不动产	不超过总资产的 10%	此前无规定
基础设施等债权投资计划	不超过总资产的 10%	寿险、财险公司分别不超过总资产的 6%、4%

资料来源：中国保监会。

专栏 11　保险合同会计准则的发展变化及影响

长期以来，有关保险合同的会计处理方法在各国不尽统一，信息披露不透明，可比性差，报表使用者难以理解保险公司的财务状况和经营业绩。为此，国际会计准则理事会（IASB）提出分两阶段解决这一问题。第一阶段，要求保险公司披露保险合同的公允价值，第二阶段，重点解决保险合同的确认与计量。2004 年，IASB 发布了《国际财务报告准则第 4 号——保险合同》，完成了第一阶段的工作。准则规定了保险合同的定义，在保险重大风险测试、保险混合合同的分拆、充足性测试等方面提出了要求。目前，IASB 正在开展第二阶段的工作，计划于 2011 年第二季度发布正式准则，2013 年 1 月 1 日开始执行。

2007 年，我国启动了会计准则的国际趋同工作。财政部于 2009 年 12 月发布《保险合同相关会计处理规定》（财会［2009］15 号），保监会于 2010 年 1 月发布《关于保险业做好〈企业会计准则解释第2 号〉实施工作的通知》，从而建立了与国际趋同的保险合同会计准则。新准则主要规范了保险混合合同分拆、重大保险风险测试和保险合同准备金计量三个方面的内容：一是要求保险混合合同在满足条件时应当进行分拆。二是要求认定保险合同时引入重大保险风险测试。三是保险合同准备金的计量应当以保险人以履行保险合同相关业务所需支出的合理估计金额为基础，同时考虑边际因素和货币时间价值；在保险合同初始确认日，保险人不应当确认首日利得但应当确认首日损失；保险人在确定折现率、保险事故发生率、退保率、费用率、保单红利等保险合同准备金计量假设时，应当以资产负债表日可获取的当前信息为基础确定。

新准则最大程度上消除了上市公司境内、境外的报表差异，使中国保险合同会计达到了世界先进水平。其对保险业产生的影响值得关注：一是引入分拆和重大风险测试后，保费收入的口径发生了变化，万能险、投连险分拆后进入投资账户的部分以及未通过重大保险风险测试合同的保费不再确认为保费收入。二是建立了易懂、可比、客观的保险合同准备金计量框架，改善了长期保险合同利润实现的时间分布，更加公允地反映保险公司的财务状况和经营业绩，大多数保险公司的净资产和净利润均有不同程度的增长。

二、稳健性评估

（一）保险业利润大幅增长，资金运用收益率下降

2010年，保险业利润总额836.5亿元，同比增长57.7%。其中，寿险业实现利润476.4亿元，同比增长9.6%。财产险业利润达225.6亿元，同比增长542.9%，承保业务近年来首次实现扭亏为盈。财产险业利润大幅增加的主要原因在于：监管部门加强市场行为监管，大力推动“见费出单”制度，有效防止了保险中介截留、挪用保费。建立商业车险信息平台，统一车险费率标准，遏制了车险价格恶性竞争。同时，财产险公司加强内部管理，提高经营效率。2010年，财产险公司综合赔付率63.1%，同比下降3.2个百分点；综合费用率34.2%，同比下降3.9个百分点。2010年债市和股市的下跌，对保险资金的运用产生了一定负面影响。全年资金运用平均收益率为4.84%，同比下降1.57个百分点（图4－3）。保险投资组合中银行存款份额同比上升2.1个百分点，债券、股票、证券投资基金份额分别同比下降1.1、0.1和1.7个百分点。在行业资产快速增长的情况下，保险业迫切需要提升资金运用水平。

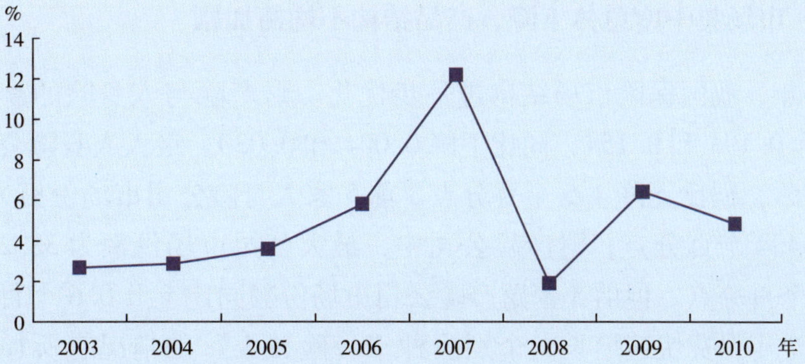

图 4－3　保险资金运用平均收益率

数据来源：中国保监会。

（二）保险公司偿付能力总体充足，资本补充压力加大

截至 2010 年年末，保险公司偿付能力总体充足。偿付能力不达标的保险公司有 7 家，同比减少 1 家，且不达标公司的偿付能力关键指标有明显改善。但随着业务的快速扩张，保险公司需要更多资本以满足偿付能力要求，加大了资本补充的压力（图 4－4）。当前，保险公司资本补充渠道较为狭窄，主要是股东增资和发行次级债。2010 年，46 家保险公司股东增资 331.7 亿元，8 家公司发行次级债 225.5 亿元，股东增资持续性不强。次级债不是高质量资本，对于持续经营的保险公司而言，吸收损失的能力较差；同时还面临投资者范围窄、发行成本高、融资规模受限和流动性差等问题。

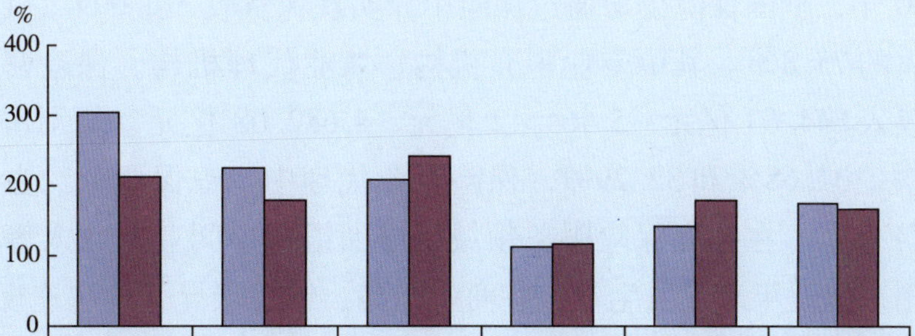

	中国人寿	平安寿险	太平洋寿险	人保财险	平安产险	太平洋产险
2009年	303.59	226.7	208	111	143.6	173
2010年	212	180.2	241	115	179.6	167

图 4－4　近两年来我国上市保险公司偿付能力变化情况

数据来源：中国保监会。

（三）市场集中度总体下降，产品结构不均衡加剧

2010年，我国保险市场结构进一步优化。财产险与人身险的赫芬达尔指数[①]分别为0.194和0.154，同比下降0.004和0.030。最大人身险公司市场份额为31.7%，同比下降4.5个百分点。前5家人身险公司市场份额为72.8%，同比下降4.4个百分点；财产险公司中，最大公司市场份额为38.2%，同比下降3.4个百分点。但前5家财产险公司市场份额同比上升0.6个百分点，为74.7%。全年保费快速增长，个别险种"一险独大"的情况有所加剧。在寿险中，分红险保费收入达到7 455亿元，占寿险保费收入的77%，同比上升6个百分点。在财产险中，受益于我国汽车销售的快速增长，车险保费收入超过3 004亿元，同比增长39.4%，在财产险保费收入中的占比上升至74.6%，同比上升2.6个百分点（表4－2）。

表4－2　寿险与非寿险保费收入中主要险种占比

险种 / 年份	寿险				财产险			
	分红险	投连险	万能险	普通险	车险	农业险	责任险	企财险
2009	71.0%	2.0%	14.2%	12.9%	72.0%	4.5%	3.1%	7.4%
2010	77.0%	1.6%	11.6%	9.8%	74.6%	3.4%	2.9%	6.7%

数据来源：中国保监会。

（四）保险销售渠道发展不平衡，银保渠道有待进一步改善

2010年，全国保险公司通过保险中介实现保费收入1 0991.14亿元，占总保费收入的75.8%。其中专业中介机构、兼业代理机构、保险营销员分别实现保费收入844.64亿元、5 464.42亿元、4 682.08亿元，分别占总保费收入的5.82%、37.68%和32.29%。保险兼业代理中，银保业务约占寿险保费收入的50%左右，在拓宽保险服务领域、增加银行中间业务收入等方面发挥了重要作用，但近年来也发生了一些商业贿赂、销售误导等违法违规行为。2010年11月，相关部门发布若干规定，以进一步规范银保业务，但部分规定也对银保业务的发展带来了一定挑战，一些小型保险公司可能失去银行渠道；保险营销员离开银行网点降低了银保销售能力，需要银行柜员快速提升保险产品销售技能。据统计，新规定发布后，多数保险公司的银保业务规模出现了下滑。

---

① 赫芬达尔指数（HHI）是行业内所有机构市场份额的平方和。HHI的值越高，说明市场集中度越高。

三、展望及改革措施

国际经验表明，当人均 GDP 达到 3 000 ~ 10 000 美元时，商业保险将进入快速发展期。2011 年，我国经济将继续保持平稳较快发展，人均 GDP 超过 4 000美元。随着居民收入增加和老龄化步伐加快，社会对保险的需求不断提高，保险业发展空间更加广阔。为此，保险业应抓住机遇，转变粗放型发展方式，加大产品和服务创新力度，防范风险，提高发展质量。

（一）推动业务结构调整和产品创新，更好地满足社会需求

鼓励保险公司结合自身优势走差异化发展道路，实现从价格、规模竞争转向产品、服务和管理质量的理性竞争，增强盈利能力。继续调整业务结构，积极发展满足消费者需求、体现核心优势的保障型业务；推动保险产品创新，服务新兴产业发展和经济结构调整；扩大保险覆盖面，大力发展农业保险、养老保险、医疗保险、健康保险，配合农业发展战略、社会保障体系和城镇化建设；加快建立巨灾保险体系，有效防范重大自然灾害对社会经济和保险业造成的系统性风险。

（二）建立多渠道资本补充机制，强化偿付能力监管

保险业快速发展需要建立科学合理的资本补充机制。要提升保险公司通过内部积累补充资本的能力，支持符合条件的保险公司上市融资，鼓励上市保险公司利用可转债、配股、公开增发、非公开发行等方式多渠道补充资本，规范次级债的发债条件。同时，监管部门应加强偿付能力监管，强化资本约束。对偿付能力不达标的公司及时采取限制业务发展、限制分红等措施。此外，结合国际金融监管改革动态，逐步建立以风险为基础的现代偿付能力监管标准。

（三）提高保险资金运用水平，防范投资风险

根据宏观经济政策调整和市场状况变化，保险公司改进资金运作方式和风险管理技术，增强风险识别、分析和计量能力，合理配置资源，提高投资管理水平。严格执行保险资金运用监管政策，抑制投资冲动。监管部门进一步完善资金运用监管制度，健全资金运用风险监控机制，推行大类资产配置比例监管，推进保险投资资产托管工作，防范投资风险。

（四）规范市场秩序，切实保护被保险人利益

进一步规范银保业务，强化对车险、农业保险等业务的现场检查力度，加大违法违规处罚，打击商业贿赂，规范保险市场秩序。着力解决保险销售误导、理赔难等突出问题，推进保单通俗化、条款标准化工作，完善理赔服务标准，建立健全投诉处理机制，切实保护被保险人利益。

第五章

金融市场

2010 年，我国金融市场在改革创新中稳步发展，继续保持健康平稳的发展态势，充分发挥了改善融资结构和完善资源配置的基础性作用，为国家宏观经济调控和微观主体的决策提供了有力支持。

一、市场运行概况

（一）货币市场保持活跃

成交量继续大幅增加。2010 年，市场流动性总体充足，但不同机构间短期资金供求状况存在阶段性差异。货币市场交易活跃，成交量较上年继续大幅增长，其中，同业拆借累计成交 27.9 万亿元，同比增长 44%，债券回购累计成交 87.6 万亿元，同比增长 24.6%。

短期交易占比较高。2010 年，货币市场交易隔夜拆借成交 24.5 万亿元，占拆借成交总量的 87.9%，较上年增加 4.4 个百分点；1 天质押式回购成交 67.7 万亿元，占质押式回购成交总量的 80%，较上年增加 2.3 个百分点。交易期限以短期为主，货币市场调节作用进一步增强。

货币市场利率明显上升。2010 年，货币市场利率呈上行趋势。临近年末，货币市场利率持续攀升，年末隔夜拆借利率收于 4.52%，较年初大幅上升 340 个基点；7 天质押式回购加权平均利率收于 5.17%，上升 377 个基点。全年来看，12 月同业拆借加权平均利率为 2.92%，比 1 月上升 176 个基点；12 月质押式回购加权平均利率为 3.12%，比 1 月上升 193 个基点（图 5－1）。

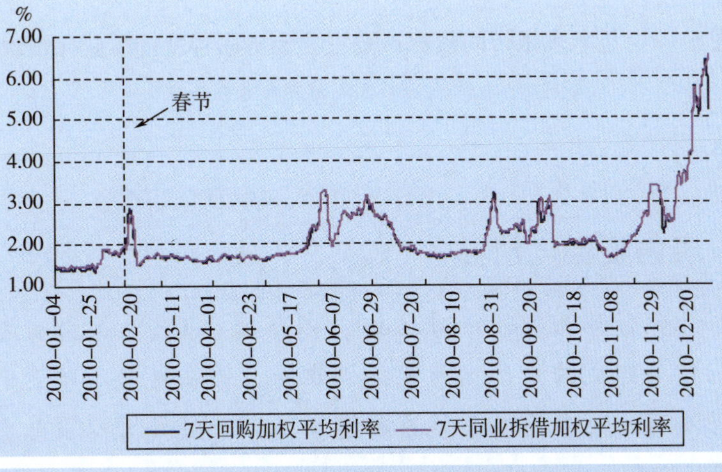

图 5－1 2010 年货币市场利率走势

数据来源：全国银行间同业拆借中心。

（二）债券市场健康发展

债券市场规模进一步扩大[①]。2010年，债券市场产品创新稳步发展，信用类债券发行规模维持高位，企业直接融资渠道进一步拓宽，债券市场在有效配置金融资源、保障货币政策有效传导等方面发挥了重要作用。全年债券市场累计发行人民币债券5.1万亿元，同比增长3.1%，其中国债、政策性银行债券、短期融资券等债券品种发行量较上年均有所增加（图5-2）。截至年末，债券市场债券托管总额达16.3万亿元，其中，银行间市场债券托管额为15.8万亿元，同比增长21.5%。

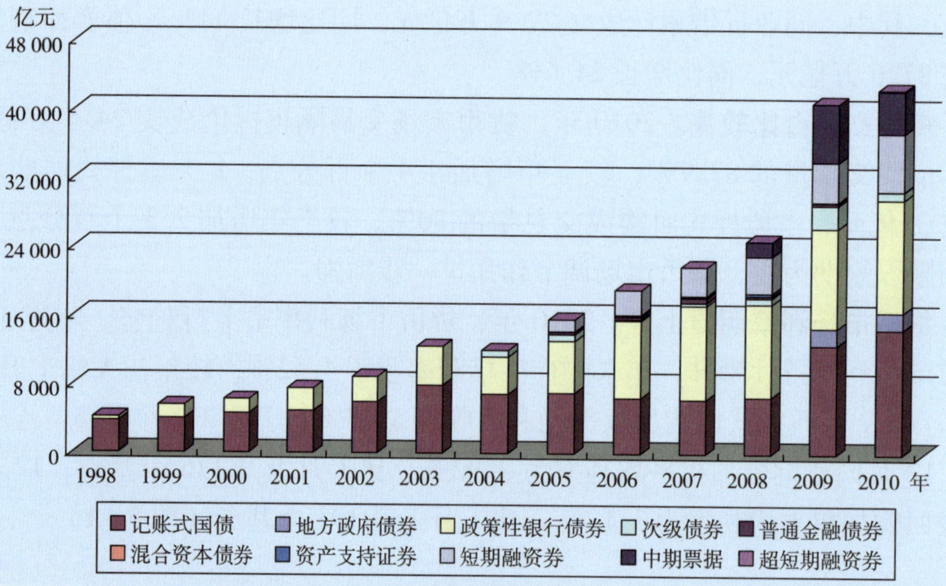

图5-2 近年来银行间债券市场主要债券品种发行量变化情况[②]

数据来源：中央国债登记结算有限责任公司。

专栏12 表内证券化债券

表内证券化债券[③]（Covered Bond，以下简称CB）是由一组抵押贷款或公共部门债务组成的资产池为其提供担保，并在发起人破产时，债券持有人对资产池有优先求偿权的债务融资工具。一般具有以下基本特征：由

① 债券发行量与托管量不包含央行票据。

② 不包括2007年特别国债。

③ 欧洲表内证券化债券理事会（European Covered Bond Council）的定义。

处于公共监管之下的信贷机构发行，债券持有人对该信贷机构具有完全追索权，并对金融资产担保池具有优先求偿权。CB 丰富了市场化的风险管理机制，由于基础资产的信用风险由发起人保留，避免了风险收益不对称和信息不透明可能带来的道德风险。

目前 CB 主要在欧洲国家发行，是历史久远的金融产品，最早可追溯到 1770 年普鲁士为公共项目融资发行的债券。1995 年，欧盟在银行间市场建立了大宗资产担保债券发行交易平台，CB 市场出现强劲增长。经过十多年的发展，目前已有 29 个国家引入了 CB 这一品种，发行机构超过 300 家。

由于具有严格的监管框架、较高的信用等级、较好的流动性、广泛的国别分散度和丰富的期限结构，CB 获得了包括信贷机构、投资基金、养老金、保险公司和中央银行等各类投资者的青睐。2009 年年末，CB 发行在外的流通额达到了 2.4 万亿欧元。CB 市场也是危机后最先复苏的市场之一，2009 年 5 月，欧洲央行宣布实施 600 亿欧元的 CB 购买计划，进一步刺激了欧洲 CB 的发行。美国也积极推动 CB 市场在本国的发展。随着对 CB 研究和认识的不断加深，更多的国家和地区将引进这一稳健安全的债券品种，全球 CB 发行和交易将迎来新的高潮。

债券期限结构以中短期为主。2010 年，期限 5 年以内的债券发行量占比 40%，比上年下降 8.8 个百分点；期限 5（含）到 10 年的债券发行量占比 34.7%，比上年上升 7.9 个百分点；期限 10 年（含）以上的债券发行量占比 25.2%，比上年上升 0.8 个百分点。

债券成交量价齐升。2010 年，银行间债券市场现券成交量为 64 万亿元，同比增长 35.5%。债券指数全年呈总体上行走势，银行间市场债券指数由年初的 130.23 点升至年末的 132.74 点，升幅为 1.9%；交易所市场国债指数由年初的 122.34 点升至年末的 126.28 点，升幅为 3.2%。债券收益率曲线整体呈现平坦化上移趋势（图 5-3）。

投资主体继续扩大。2010 年 8 月，境外中央银行或货币当局、香港、澳门特别行政区人民币业务清算行和跨境贸易人民币结算境外参加银行等相关境外机构获准进入银行间债券市场投资试点，为境外机构人民币资金提供了保值手段，拓宽了人民币资金回流的渠道。截至年末，银行间债券市场参与者 10 235家，比上年增加 988 家，投资主体进一步扩大。

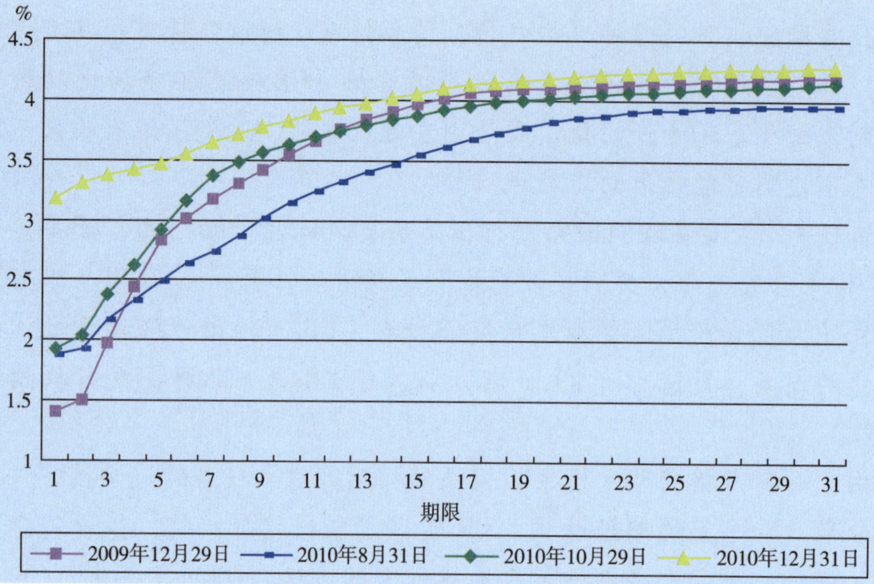

图 5－3 2010 年银行间市场国债收益率曲线变化情况

数据来源：中央国债登记结算有限责任公司。

专栏 13 我国债券市场创新

2010 年，面对复杂多变的宏观经济形势，人民银行在加强风险防范的基础上，大力推动银行间债券市场创新，有力支持了经济金融的发展。

推动信用风险缓释工具试点。2010 年 10 月，人民银行推动中国银行间市场交易商协会推出信用风险缓释工具。该工具具有交易结构简单、配置风险合理、市场透明度高、严格控制杠杆等特点。信用风险缓释工具的推出，顺应了我国金融市场发展的趋势，有利于丰富投资者的信用风险管理手段，完善债券市场信用风险分担机制，是由市场成员推动完成的一项重大创新，对推动我国金融市场的深化、维护金融体系的稳定具有重要的现实意义。

正式启动超短期融资券发行试点。2010 年 12 月，中国银行间市场交易商协会正式开始接受企业在银行间债券市场发行超短期融资券的注册。与其他债务融资产品相比，超短期融资券市场化程度高、适用性广，给予发行人和中介服务机构的选择空间较大，具有信息披露简洁、注册效率高、发行便利等特点。超短期融资券产品的推出进一步拓宽了大型企业直接债务融资渠道，可以推动企业提高流动性管理水平，丰富货币市场投资品种，满足投资者多元化需求，促进实体经济进一步增强利率政策敏感性，为进一步提高宏观调控有效性夯实基础。截至年末，超短期融资券累计发行金额 150 亿元。

稳步扩大金融债券发行主体范围。为拓宽外资法人银行人民币资金筹集渠道，改善外资银行资产负债期限错配状况，核准外资法人银行在银行间债券市场发债筹资。拓宽金融租赁公司和汽车金融公司资金来源渠道，增强其支持中小企业融资和发展汽车消费信贷业务的能力。

允许三类境外机构进入银行间债券市场进行投资试点。配合跨境贸易人民币结算试点，允许境外中央银行或货币当局、港澳人民币清算行、跨境贸易境外参加银行等三类机构进入银行间债券市场投资试点。为境外机构依法获得的人民币资金提供一定的保值渠道，有利于促进跨境贸易人民币结算业务的开展。

（三）票据市场快速增长

2010 年，我国票据市场累计签发商业汇票 11.95 万亿元，比上年增长了 16.36%；累计办理贴现 48.64 万亿元，比上年增长了 1.1 倍；累计办理再贴现 1 671 亿元，比上年增长了 5.7 倍。截至 2010 年年末，未到期商业汇票余额为 5.61 万亿元，比上年增长了 35.8%；票据贴现余额为 1.48 万亿元，比上年减少了 32.4%；再贴现余额为 791 亿元，比上年增长了 7.4 倍。

2010 年，票据市场价格呈上升趋势，除年中出现峰值外，前十个月运行比较平稳，11 月底开始较快上升。“工商银行票据转贴现价格指数”年末报收 3 026点，较年初大幅上升 2 071 点。上半年，市场资金面较宽裕，票据需求较强，转贴现利率低位平稳运行；下半年宏观政策和资金面出现调整，票据市场利率稳中见升。最后五周，由于跨年资金压力以及市场预期货币政策收缩等因素的共同影响，票据市场利率快速升高。

（四）外汇市场波动幅度扩大

2010 年，人民币外汇即期市场平稳发展，远期市场大幅增长，掉期和“外币对”交易规模快速扩张。全年人民币外汇即期成交额同比增长 3.5%；人民币远期市场成交额同比增长 234.5%。外币对即期市场交易趋于活跃，全年成交金额折合 502 亿美元，同比上涨 44.4%；重启汇改后，人民币掉期交易增速明显放缓，特别是外汇管理局对银行按照收付实现制原则计算的头寸余额进行下线管理，给人民币外汇衍生品市场带来了结构性变化。全年人民币外汇掉期交易累计成交金额折合1.3万亿美元，同比增长60.1%。

（五）黄金市场量价均创历史新高

2010年，国际黄金价格[①]持续上涨，11月初达到每盎司1 421美元的历史最高价，年底收于每盎司1 410.25美元，比年初上涨了25.75%。国内金价从年初的241.15元/克上涨至年底的301.17元/克，年底比年初上涨了24.89%，国内外黄金价差幅度较上年有所扩大。

2010年，上海黄金交易所黄金成交6 051.50吨，同比增加1 340.68吨，增长28.46%；成交金额16 157.81亿元，同比增加5 869.05亿元，增长57.04%。白银成交73 614.96吨，同比增加57 367.17吨，增长353.08%；成交金额3 863.28亿元，同比增加3 276.70亿元，增长558.61%。

二、市场融资情况

2010年，债券发行规模稳步扩大，股票筹资规模创历史新高，国内非金融机构部门（包括住户、企业和政府部门）融资继续增加较多，融资结构呈明显多元化发展态势。

（一）债券融资快速发展

债券融资已成为我国直接融资的主渠道之一，债券市场的快速发展便利了企业债券融资，在国际金融危机期间对于国民经济稳定增长发挥了重要作用。在直接融资（不包括金融机构融资）中，债券融资的比重从2005年开始超过股票融资，2010年债券融资总额约为2万亿元，是股票融资的3.3倍，债券融资占直接融资的比重已经达到77%（表5－1）。

2010年，债券发行利率总体有所走高。受两次上调存贷款基准利率和市场通货膨胀预期较强等影响，各期限债券发行利率均呈走高趋势。2010年12月发行的5年期记账式附息国债利率为3.64%，比上年末发行的同期限国债利率上升0.74个百分点；2010年11月发行的30年期国家开发银行固定利率债券利率为4.61%，比3月发行的同期限债券利率上升0.19个百分点。

① 注：伦敦市场下午定盘价。12月31日没有下午定盘价，这里引用12月31日上午定盘价。

表 5-1　2010 年主要债券发行情况

债券品种	发行额（亿元）	同比增长（%）
国债[①]	19 778	10.3
其中：地方政府债券	2 000	0
国开行及政策性银行债	13 193	13.0
银行次级债、混合资本债	920	-66.5
银行普通债	10	-90.0
企业债券[②]	16 812	0.8
其中：短期融资券	6 742	46.2
中期票据	4 924	-29.5
公司债券	603	-18.0

注：①国债含财政部代理发行的地方政府债券 2 000 亿元；

②包括企业债、短期融资券、中期票据、中小企业集合票据、可转债、可分离债和公司债。

数据来源：中国人民银行。

（二）政府融资市场化程度提高

2010 年，银行间债券市场通过市场化招投标方式发行记账式国债 60 期，共计 1.5 万亿元，期限从 91 天到 50 年，均衡覆盖了短期、中期和长期债券品种，期限结构进一步完整，促进了国债基准收益率曲线的改进与完善，为债券市场中其他各类债券合理定价提供了基础。截至 2010 年年末，国债余额 6.7 万亿元，约占债券市场债券存量的 41.1%。此外，财政部通过市场化招投标方式全年代理发行地方政府债券 2 000 亿元。由于采用市场化发行方式，2010 年记账式国债与地方政府债券保持了较低的发行成本，为积极财政政策的顺利实施和国家宏观调控措施的落实奠定了基础。

三、市场制度建设

银行间实时收益率曲线正式发布。2010 年 2 月，银行间同业拆借中心以基准债券为基础的实时收益曲线正式对外发布，实时曲线提供日内定价基准，可用于债券池选券、盘中债券估值和实时中后台风险控制等。

修订《国际开发机构人民币债券发行管理暂行办法》。2010 年 9 月，人民银行、财政部、发展改革委和证监会联合发布公告，对《国际开发机构人民币债券发行管理暂行办法》（以下简称《办法》）进行了修订，允许发行人将发债资金汇出境外使用，明确《办法》适用于多边、双边和地区国际开发性金融机构，并且调整了对发行人在会计准则、信用评级方面的要求。

推动上市商业银行证券交易所债券交易试点。2010 年 10 月，证监会、人民银行、银监会联合发布《关于上市商业银行在证券交易所参与债券交易试点有关问题的通知》，推动债券市场的互联互通，提高市场运行效率，促进债券市场健康协调发展。

推出信用风险缓释工具试点。2010 年下半年，《银行间市场信用风险缓释工具试点业务指引》发布，有利于丰富投资者的信用风险管理手段，完善债券市场信用风险分担机制。

规范贷款转让市场。2010 年 9 月，全国银行间市场贷款转让交易系统正式启动。作为首个全国统一的银行间信贷资产交易系统，有利于规范我国贷款转让市场发展，优化银行信贷结构、防范和化解潜在金融风险等，同时也丰富和发展了银行业金融机构满足资本约束要求、主动管理资产的产品与手段。

推进人民币汇率机制改革。2010 年 6 月，人民银行宣布进一步推动汇率形成机制改革，对人民币外汇市场影响明显。人民币升值速度明显，人民币汇率弹性增强，汇率波动幅度明显扩大。做市商在外汇即期市场依然占据主导地位，普通会员交易更加主动积极。

加强黄金市场制度建设。2010 年 7 月，人民银行会同有关部门发布《关于促进黄金市场发展的若干意见》，明确黄金市场发展定位，积极推进黄金市场交易方式、标准认定体系、仓储运输体系和清算服务体系建设。意见要求进一步完善黄金市场税收政策和外汇政策，切实做好黄金市场融资服务，拓宽黄金实物供给渠道，加强对黄金市场的监管，保护投资者利益，为维护黄金市场秩序，促进黄金市场健康发展奠定了基础。

第六章

政府、企业和住户财务状况

2010年，政府部门财务状况良好，债务水平总体较低；企业部门盈利能力提高，偿债能力稳定；住户部门持有的金融资产继续增长，整体债务水平较低，违约风险较小。但需合理调整国民收入分配关系，逐步提高住户部门收入在国民收入分配中的比重。

一、政府部门

财政收入增速提高。2010年，全国实现财政收入83 080亿元，同比增长21.3%，比上年提高9.6个百分点（图6-1）。从收入结构看，全年税收收入73 202亿元，占同期财政收入的88%；非税收入9 878亿元，占比12%。税收收入中，国内增值税、企业所得税和营业税是主要收入来源，全年分别征得21 092亿元、12 843亿元和11 158亿元，占同期财政收入的25.4%、15.5%和13.4%，同比分别增长13.3%、7.9%和24.4%。全年非税收入同比增加881亿元，增长9.8%，增速比上年同期低17个百分点。

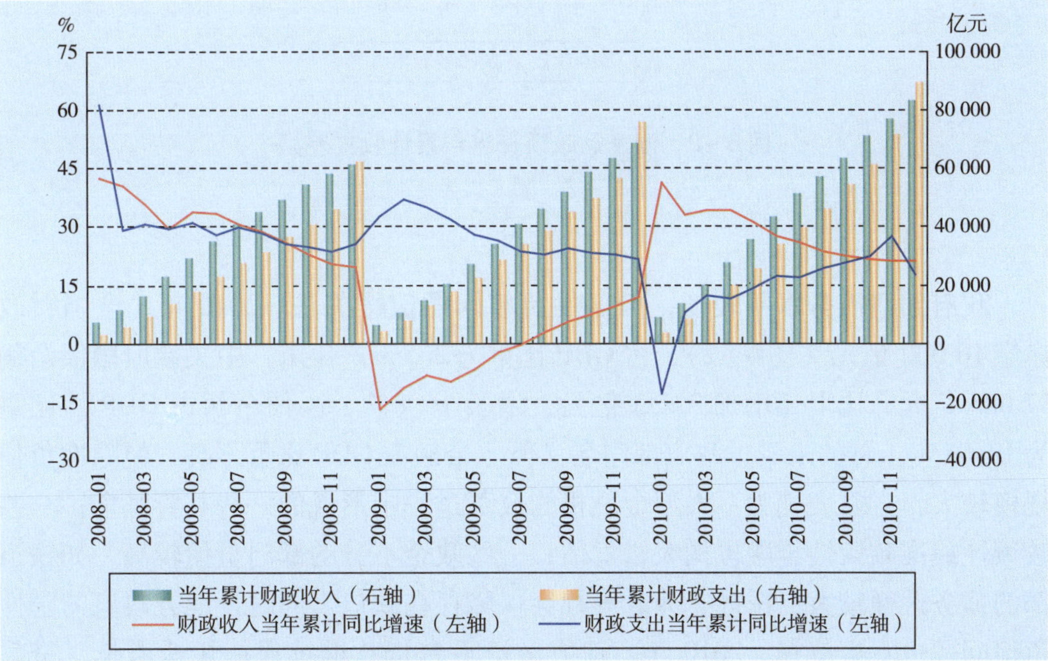

图6-1　国家财政预算收支累计额与累计同比增速

数据来源：国家统计局。

财政支出增幅回落。2010年，全国财政支出89 575亿元，同比增长17.4%，比上年回落3.8个百分点（图6-1）。在财政支出中位居前五位的项目为：教育支出12 450亿元，占同期财政支出的13.9%，同比增长20%；一般公共服务9 353亿元，占比10.4%，增长2%；社会保障和就业支出9 081亿元，占比10.1%，增长20.1%；农林水事务支出8 052亿元，占比9%，增长21.4%；城乡社区事务支出5 980亿元，占比6.7%，增长19.8%。

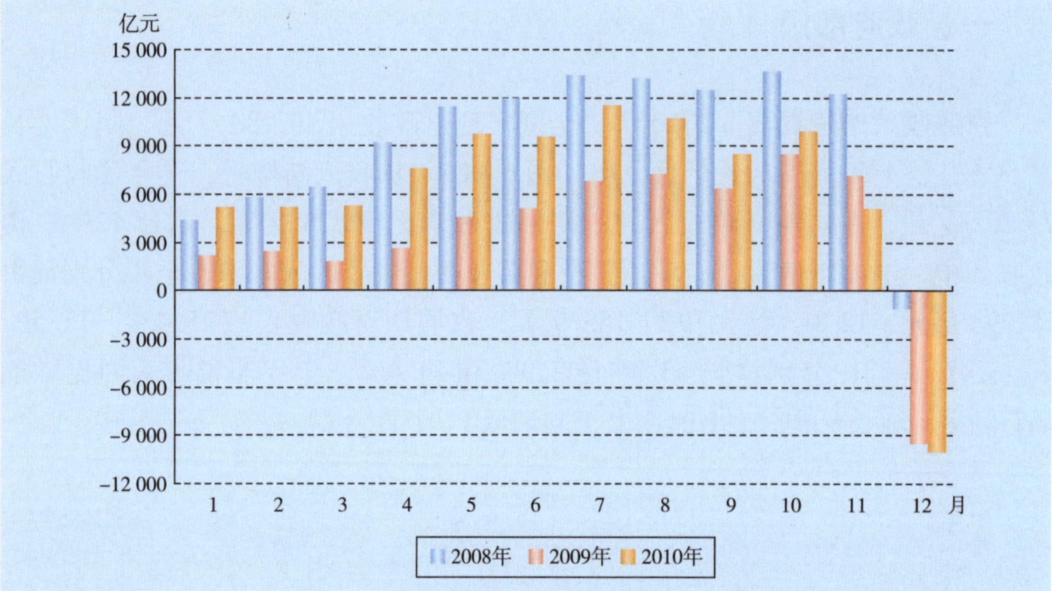

图6-2　国家财政预算当年累计收支差额

数据来源：国家统计局。

政府部门债务水平较低，但隐性负债问题值得关注。2010年，全国财政赤字10 000亿元（图6-2），占GDP比重为2.5%。年末，中央政府国债余额67 685亿元，比上年增加9 735亿元，增长16.8%，国债余额占GDP的比重为17.01%。总的来看，政府部门名义债务余额占GDP比重不高，但隐性负债规模较大，主要表现为：大型金融机构改革过程中形成的一些共管基金；一些政策性或准政策性金融机构大量发债；一些政企不分的部门负债较高，如铁道部的债务余额较大；医疗、养老等社会保障存在缺口。同时，地方政府的隐性负债问题也不容忽视，2010年，地方融资平台贷款继续保持快速增长，贷款余额占同期一般贷款的比重仍然较高，部分地方融资平台运作不够规范，在经济结构调整步伐加快的背景下出现损失的可能性加大。此外，地方政府在社会保障资金和住房公积金等方面存在的欠账以及村镇债务等隐性负债问题，都增加了财政风险。

二、企业部门

（一）企业生产经营状况继续好转，盈利能力大幅提高

企业销售收入增速继续回升。2010 年 1 ~ 11 月[①]，规模以上工业企业实现主营业务收入同比增长 31.8%，增速较上年提高 24.7 个百分点。2010 年，人民银行监测的 5 000 户工业企业（以下简称 5 000 户企业）实现销售收入同比增长 20%，增速较上年提高 21.3 个百分点。

企业盈利能力大幅提高。2010 年 1 ~ 11 月，规模以上工业企业实现利润同比上升 49.4%，增速比上年提高 41.6 个百分点。2010 年，5 000 户企业利润总额同比增长 32.1%，增速比上年提高 11.2 个百分点。

企业营运能力有所改善。2010 年，5 000 户企业营业周期为 119.8 天，较第一季度减少 5.4 天，同比减少 6.3 天。企业总资产周转率为 0.9 次，与第一季度和上年基本持平。

（二）企业偿债能力提高，流动性较为充足

企业偿债能力稳步提高。2010 年 11 月末，规模以上工业企业资产负债率为 58.8%，比去年同期下降 0.5 个百分点；年末，5 000 户企业资产负债率为 60.2%，与上年末基本持平，资产负债率总体变化较小。利息保障能力增强，2010 年年末，5 000 户企业利息保障倍数为 7.3 倍，比上年末上升 1.2 倍，企业长期偿债能力基本稳定。从短期偿债能力看，2010 年年末，5 000 户企业流动比率为 109.5%，速动比率为 78.1%，分别比上年末提高 6.5 和 4.6 个百分点，短期偿债能力有所提高（图 6 – 3）。

企业流动性状况有所改善。从资产方来看，2010 年年末，5 000 户企业流动资产占总资产比例为 47.6%，较上年末提高 1.8 个百分点；其中，流动性较强的货币资金占比 30%，流动性较弱的应收及预付款项和存货占比 59.4%。从负债结构来看，5 000 户企业流动负债占负债总额比例为 72.5%，其中，企业短期借款占流动负债比例为 26.4%，应付及预收款占流动负债比例为 46.3%。

---

① 目前，对于全口径的规模以上工业企业效益数据，国家统计局只统计有 1 ~ 2 月、1 ~ 5 月、1 ~ 8 月、1 ~ 11 月数据，对于其他月份和全年数据，只有 22 个省市的汇总数据；因此，此处仅以 1 ~ 11 月数据来说明规模以上工业企业的生产经营情况。

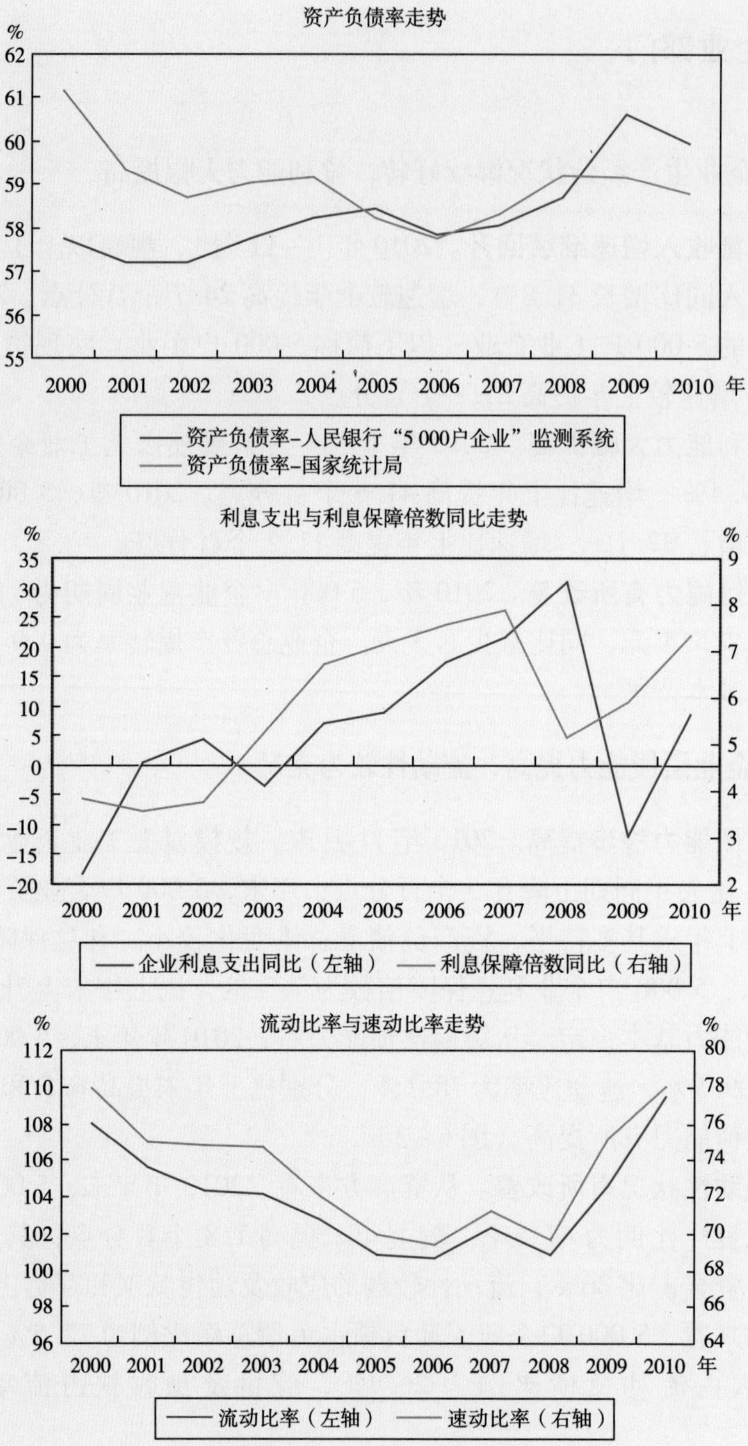

图6-3　企业部门财务状况

数据来源：中国人民银行、国家统计局。

（三）企业成本有所上升，部分企业面临融资压力

人民银行2010年第四季度企业家问卷调查结果显示，原材料购进价格指数出现明显上升，多数企业预期2011年原材料价格仍将震荡趋升，但涨幅可能趋小。由于市场竞争激烈，一些企业难以通过提高销售价格来覆盖成本的上升。同时，随着房地产调控的效果逐渐显现，预计房地产开发和住房消费相关企业生产经营状况将出现下滑。另据人民银行调查结果显示，大多数企业目前资金周转基本正常，资金状况总体良好。但受流动性持续收缩影响，信贷投放紧张，银行议价能力的提高以及企业资金需求的增加将导致企业融资成本上升，部分企业，尤其是小企业、微型企业、房地产企业将面临资金紧张。此外，随着经济结构调整步伐不断加快，企业在经营方式、盈利能力、财务管理和风险控制水平等方面的变化也应引起关注。

三、住户部门

（一）住户部门金融资产稳步增长，结构基本稳定

住户部门金融资产稳步增长。2010年我国经济的快速复苏促进了居民收入的稳步增长，为居民金融资产增长奠定了物质基础。2010年第三季度末，我国住户部门金融资产达到48.2万亿元，同比增长17.4%，比2009年年末水平增长17.2%（表6-1）。从人均水平看，我国住户部门的金融资产规模仍处于较低水平。按期末汇率折算，2010年第三季度末，我国居民人均持有金融资产仅为5 361美元，而美国、英国、德国、日本四国人均持有金融资产分别为14.7万美元、10.8万美元、7.7万美元和13.6万美元[①]。

---

① 其中，德国为2010年4月末数据，美国、英国、日本为2010年9月末数据。如无特殊说明，美国、英国、德国和日本居民部门金融资产负债数据均取自各国公布的“资金流量表”（Flow of Funds Accounts）存量数据。居民部门包括居民部门和为居民部门提供服务的非营利性机构。

表 6-1　我国住户部门金融资产负债情况

单位：亿元

	2004	2005	2006	2007	2008	2009	2010年第三季度末
金融资产	180 369	209 083	251 600	335 495	342 870	410 869	481 727
本币通货	17 820	19 945	22 469	25 211	28 622	31 982	34 735
存款	129 575	150 551	171 737	181 840	228 478	268 650	308 066
证券	15 190	14 399	23 945	58 311	25 139	49 997	60 041
债券	6 293	6 534	6 944	6 707	4 981	2 623	2 847
股票	8 897	7 865	17 001	51 604	20 157	47 374	57 194
证券投资基金份额	1 905	2 449	5 618	29 716	17 011	8 383	7 638
证券客户保证金	1 339	1 566	3 128	9 904	4 760	5 695	4 197
保险准备金	14 113	18 315	22 680	27 097	37 831	46 226	54 540
金融机构理财产品	—	—	—	—	—	—	12 776
结算资金	-77	23	17	0	0	0	0
其他（净）	504	1 835	2 005	3 415	1 030	-64	-267
金融负债	29 431	32 972	39 636	50 652	57 892	82 744	108 572
贷款	29 431	32 972	39 636	50 652	57 892	82 744	108 572
净金融资产	150 938	176 111	211 964	284 843	284 978	328 125	373 156

数据来源：中国人民银行。

金融资产结构基本稳定。我国住户部门金融资产主要由存款、证券类资产和保险准备金构成。2010年资本市场波动导致证券类资产比重略有下滑，存款类资产比重上升，保险准备金比重基本稳定。2010年第三季度末，存款占住户部门金融资产比重为64%，比上年末下降1.4个百分点。证券类资产（包括国债、股票、证券投资基金份额）占比14.1%，与上年末基本持平。保险准备金在住户部门金融资产中的比重仍然较低（表6-2）。2004年到2010年第三季度末，保险准备金在我国住户部门金融资产中的比重虽然从7.8%上升到11.3%，但是仍然低于发达国家20%以上的平均水平。

表6-2　我国居民金融资产结构

单位：%

	2004	2005	2006	2007	2008	2009	2010年第三季度末
本币通货	9.9	9.5	8.9	7.5	8.3	7.8	7.2
存款	71.8	72.0	68.3	54.2	66.6	65.4	64.0
证券	8.4	6.9	9.5	17.4	7.3	12.2	12.5
国债	3.5	3.1	2.8	2.0	1.5	0.6	0.6
股票	4.9	3.8	6.8	15.4	5.9	11.5	11.9
证券投资基金份额	1.1	1.2	2.2	8.9	5.0	2.0	1.6
客户交易结算资金	0.7	0.7	1.2	3.0	1.4	1.4	0.9
保险准备金	7.8	8.8	9.0	8.1	11.0	11.3	11.3
金融机构理财产品	—	—	—	—	—	—	2.7

数据来源：中国人民银行。

（二）住户部门负债增长较快，贷款质量总体较好

住户部门的负债增长较快。2010年第三季度末，我国住户部门金融负债达到10.9万亿元，比上年末增长31.2%，占GDP比重为27.4%，负债来源主要为银行贷款。从贷款期限看，短期贷款占比31.3%，中长期贷款占比68.6%。从金融资产负债率①看，2004年至2010年第三季度末，我国住户部门的金融资产负债率呈小幅上升态势（表6-3），但与发达国家同期30%左右的比率相比，仍处于较低水平。从居民负债与可支配收入比率看，相比发达国家普遍在100%以上的平均水平，我国住户部门负债占可支配收入的比率很低，2004~2008年该比率在30%~33%②，住户部门整体上财务可持续性较强（图6-4）。

表6-3　我国住户部门金融负债结构和水平

单位：%

	2004	2005	2006	2007	2008	2009	2010年第三季度末
短期贷款/银行贷款	34.1	33.6	33.9	31.4	33.6	32.5	31.3
中长期贷款/银行贷款	65.9	66.4	66.1	68.6	66.4	67.5	68.6
金融资产负债率	16.3	15.8	15.8	15.1	16.9	20.1	22.5
负债与可支配收入比率	30.5	29.6	30.7	32.4	31.7	—	—

数据来源：中国人民银行。

① 金融负债总额/金融资产总额。

② 我国居民可支配收入来自《资金流量表（实物交易）》。

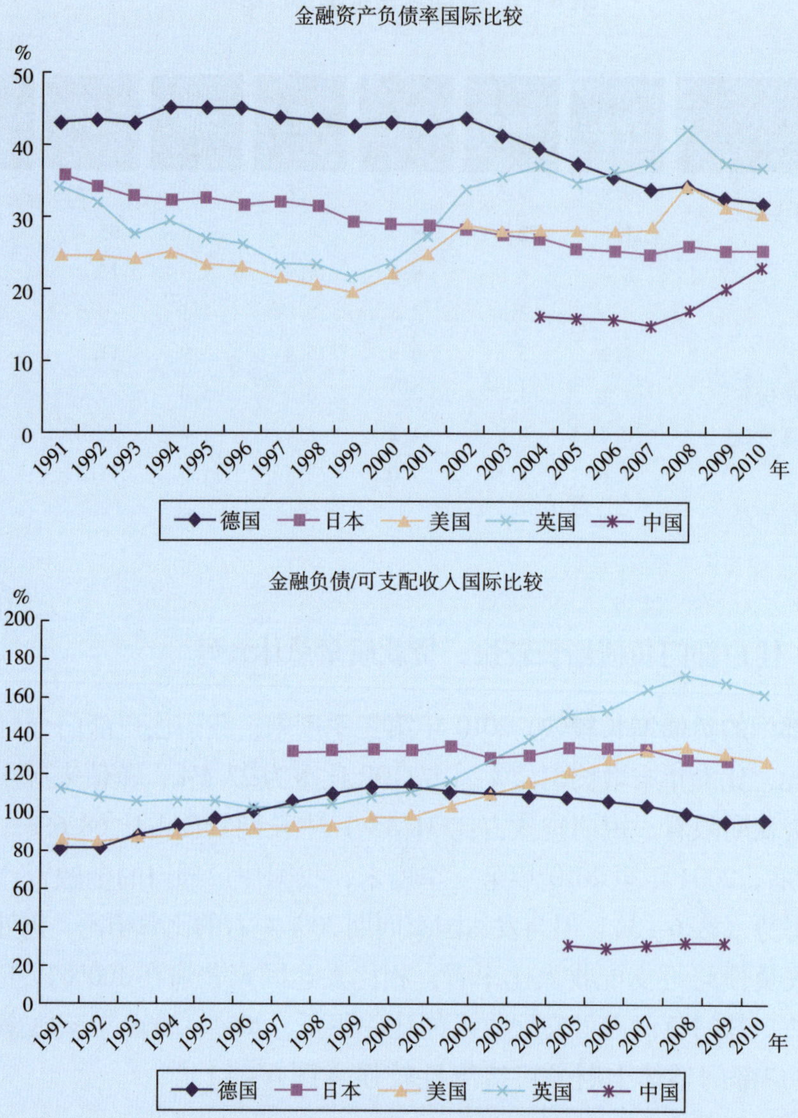

图6-4　住户部门负债水平

数据来源：各国资金流量统计，其中2010年德国为2010年4月末数据，美国、日本和英国为2010年9月末数据，中国为2010年6月末数据。

住户部门贷款质量较好。近年来，我国个人贷款（不含个人经营性贷款）中的不良贷款余额和不良率[①]连续“双降”（图6-5）。2010年年末，个人不良贷款余额822亿元，比年初减少616亿元；个人贷款不良率1%，比年初降

① 不良贷款数据来源于银监会，此部分数据2007~2008年统计范围包括政策性银行、国有商业银行、股份制商业银行、城市商业银行、农村商业银行、农村合作银行、外资法人机构及其分行、外国银行分行、城市信用社（包括单一法人社和保留社）、农村信用社、企业集团财务公司、信托投资公司、金融租赁公司和汽车金融公司，2009年后统计范围增加邮政储蓄银行。

低1个百分点，低于同期各项贷款不良率1.4个百分点。其中，个人住房按揭不良贷款余额210亿元，比年初减少61亿元；不良率0.4%，比年初下降0.2个百分点。汽车贷款不良率为1.4%，比年初下降1.4个百分点。个人信用卡不良贷款余额74亿元，比年初减少4亿元；不良率1.5%，比年初下降1.3个百分点。住户部门贷款质量总体良好，但应关注房地产价格变动可能对个人住房按揭贷款质量所产生的影响。

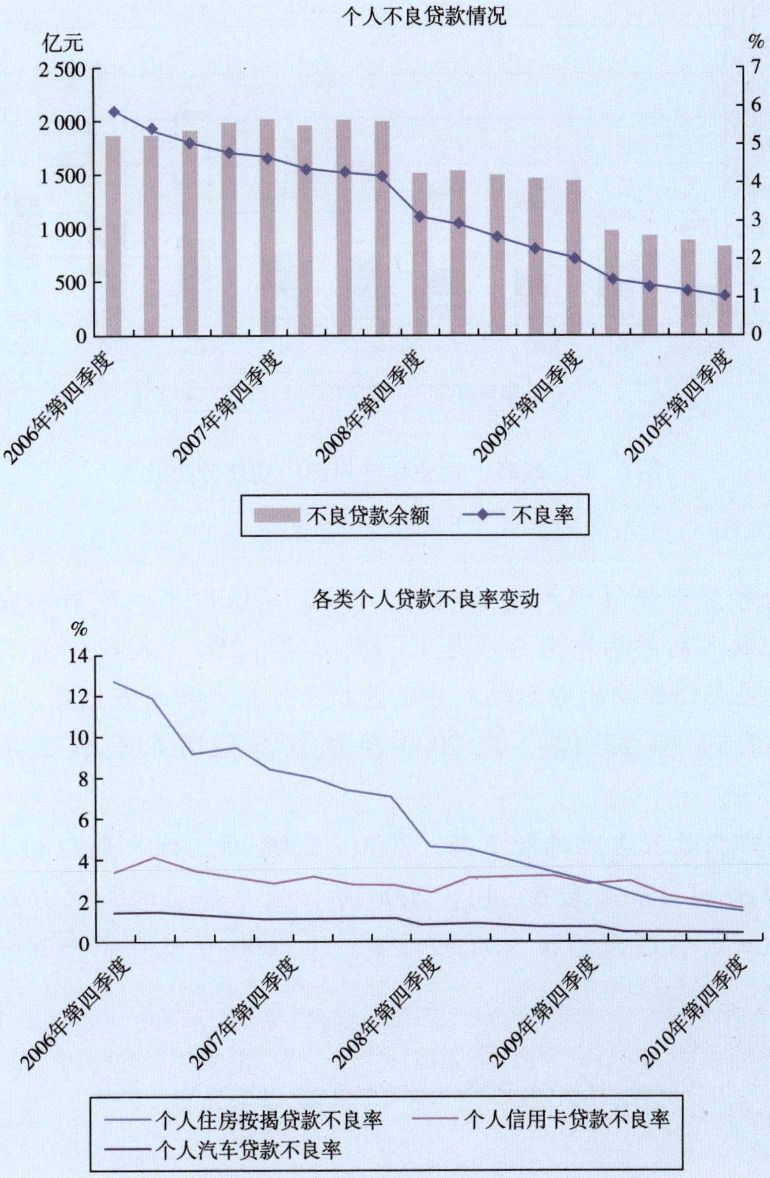

图6－5　2007～2010年我国个人贷款质量情况

数据来源：中国银监会。

专栏 14　国民收入分配结构分析①

近年来，政府、企业和住户部门收入大幅增加。其中，企业部门在初次分配中的收入增长最快，政府部门次之，住户部门最慢（图 6－6）。国民收入的再分配并没有改变这种状况。

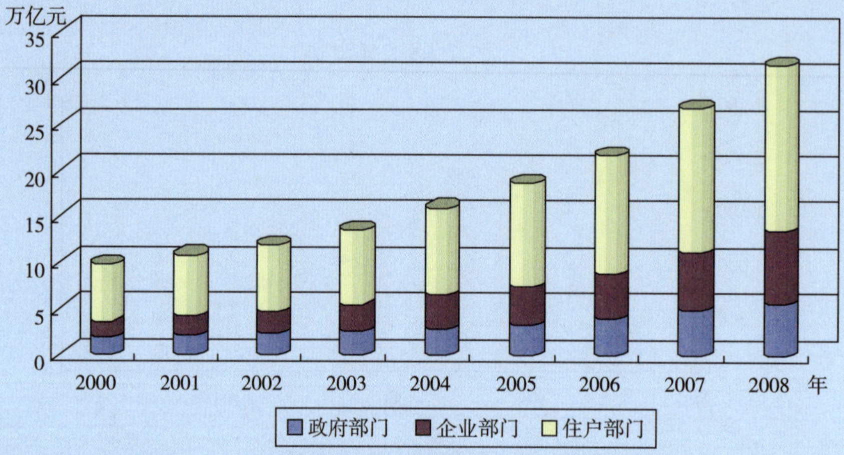

图 6－6　政府、企业和住户部门初次分配收入

数据来源：国家统计局。

政府和企业部门收入增长较快。2000～2008 年，政府和企业部门初次分配收入的年均增速分别是 15.8% 和 20.2%（表 6－4）。2008 年，政府和企业部门的初次分配收入分别是 5.5 万亿元和 8 万亿元，占国民总收入的 17.5% 和 25.3%，比 2000 年低 0.2 和高 6.3 个百分点（表 6－5）。

住户部门收入占比持续下降。2000～2008 年，住户部门初次分配收入年均增速 14.4%（表 6－4）。2008 年，住户部门的初次分配收入为 18.1 万亿元，占国民总收入的 57.2%，比 2000 年低 6.2 个百分点（表 6－5）。

---

① 本节分析以国家统计局《资金流量表（实物交易）》的数据为基础，该报表滞后 2 年发布，目前还没有 2009～2010 年的资金流量数据。

表 6-4　政府、企业和住户部门初次分配收入和再分配收入及平均增速

单位：万亿元

	政府部门		企业部门		住户部门	
	初次分配	再分配	初次分配	再分配	初次分配	再分配
2000	1. 729760	1. 891640	1. 857630	1. 635480	6. 212650	6. 325170
2001	1. 999350	2. 229770	2. 182160	1. 903520	6. 625210	6. 743750
2002	2. 279820	2. 523560	2. 419700	2. 163140	7. 210160	7. 330490
2003	2. 618340	3. 005990	2. 829150	2. 486710	8. 069960	8. 170700
2004	2. 700748	3. 121643	3. 747085	3. 375470	9. 510871	9. 651369
2005	3. 240481	3. 763686	4. 309768	3. 901592	11. 030607	11. 123527
2006	3. 892423	4. 713973	5. 036012	4. 366328	12. 823835	12. 904749
2007	4. 900746	5. 938949	6. 310202	5. 338550	15. 565414	15. 657596
2008	5. 538799	6. 797415	7. 987065	6. 900591	18. 097019	18. 242955
平均增速	15. 8%	17. 5%	20. 2%	20. 0%	14. 4%	14. 3%

数据来源：国家统计局。

再分配调整未缓解收入分配不均衡状况。2000～2008 年，政府、企业和住户部门再分配收入（可支配收入）的年均增速分别是 17. 5%、20. 0% 和 14. 3%（表 6-4）。其中，政府部门可支配收入的年均增速高于初次分配收入年均增速 1. 7 个百分点，企业和住户部门可支配收入的年均增速分别低于初次分配收入年均增速 0. 2 和 0. 1 个百分点。政府和住户部门的再分配收入平均占比分别高于初次分配占比 2. 7 和 0. 2 个百分点，均来自企业部门（表 6-5）。再分配收入中，政府部门占比大幅提高，住户部门占比基本持平，说明在利用转移支付机制改善全社会收入分配结构的过程中，收入主要从企业部门流入了政府部门，在提高住户部门收入方面作用不显著。

表6-5　政府、企业和住户部门初次分配收入和再分配收入占比

单位：%

	政府部门			企业部门			住户部门		
	初次分配	再分配	增幅	初次分配	再分配	增幅	初次分配	再分配	增幅
2000	17.7	19.2	1.5	19.0	16.6	-2.4	63.4	64.2	0.8
2001	18.5	20.5	2.0	20.2	17.5	-2.7	61.3	62.0	0.7
2002	19.1	21.0	1.9	20.3	18.0	-2.3	60.5	61.0	0.5
2003	19.4	22.0	2.6	20.9	18.2	-2.7	59.7	59.8	0.1
2004	16.9	19.3	2.4	23.5	20.9	-2.6	59.6	59.8	0.2
2005	17.4	20.0	2.6	23.2	20.8	-2.4	59.4	59.2	-0.2
2006	17.9	21.4	3.5	23.2	19.9	-3.3	59.0	58.7	-0.3
2007	18.3	22.0	3.7	23.6	19.8	-3.8	58.1	58.1	0.0
2008	17.5	21.3	3.8	25.3	21.6	-3.7	57.2	57.1	-0.1
平均	18.1	20.8	2.7	22.1	19.2	-2.9	59.8	60.0	0.2

数据来源：国家统计局。

今后，应合理调整国民收入分配关系、逐步提高住户部门收入在国民收入中的比重。这是有效扩大内需、优化国民经济结构的基本战略，从长远看，有助于为金融体系稳健发展奠定坚实基础。

第七章

金融基础设施

2010年，我国金融基础设施建设稳步推进，支付体系建设取得显著成效，金融法律体系进一步完善，会计领域改革和会计标准国际趋同取得重要进展，信用环境不断改善，反洗钱工作有效性持续提升，为金融业稳健运行提供了有力支撑。

一、支付体系

（一）支付体系建设取得显著成效

支付系统不断完善，运行安全平稳。一是银行间市场清算所加入支付系统，大额支付系统对金融市场的基础作用增强；开通港澳两地人民币清算行之间人民币资金汇划业务，推动人民币跨境结算与境外结算。二是集中代收付中心和中国银联接入小额支付系统，进一步为零售支付市场提供结算服务。三是开展应对会计集中核算系统（ABS）故障的应急演练，推广数据异地备份。四是网上支付跨行清算系统成功上线运行。五是严格支付系统监督管理，全面加强对支付系统参与者的日常监督，评估并完善支付清算系统应急预案，确保支付体系安全平稳运行。2010年，全国各类支付系统共处理人民币支付业务120.04亿笔，金额1 663.86万亿元，同比分别增长36.1%和37.8%。

非现金支付工具创新发展，风险管理得到加强。电子商业汇票系统在全国范围内推广。通过推广支票授信业务，改善支票流通环境。中职学生资助卡广泛运用，公务卡试点推广，银行卡使用环境进一步改善。加强银行卡安全管理，人民银行会同有关部门对银行卡风险管理情况进行检查督导，敦促商业银行清理不合格持卡人和特约商户，开展了银行卡犯罪专项打击行动。

非金融机构支付服务管理加强，支付机构监管取得重大突破。人民银行开展特定非金融机构登记，全面摸清了非金融机构从事支付业务的现状。发布《非金融机构支付服务管理办法》及其实施细则，进一步明确非金融支付服务机构申请开办支付业务的程序，在支付服务市场的监管方面取得重大突破。

专栏15　非金融机构支付业务监督管理

非金融机构从事支付业务是网络信息和通信技术快速发展、支付服务市场分工不断细化的产物。在我国，多数非金融机构主要从事互联网支付、手机支付、电话支付以及发行预付卡等业务。非金融机构支付服务丰富了服务方式，拓展了支付业务的广度和深度，推动了支付服务市场主体的多元化发展，满足了电子商务企业和个人的支付需求，促进了支付服务效率的提高。

随着非金融机构支付服务范围和规模的不断扩大，一些不规范行为和风险隐患逐渐暴露，主要存在客户备付金权益保障、预付卡发行和受理、反洗钱义务履行以及无序竞争等问题。为了更好地满足社会经济活动对支付服务的需求，防止不正当竞争，保护当事人的合法权益，维护支付服务市场稳定运行，人民银行作为我国支付体系的法定监督管理者，按照“结合国情、促进创新、市场主导、规范发展”的指导思想，大力推进支付服务市场相关制度建设，强化对非金融机构支付服务的监督管理，防范风险。

2009 年 4 月，人民银行发布公告，明确对我国境内从事支付业务的非金融机构实行登记。2010 年 6 月，人民银行发布《非金融机构支付服务管理办法》（以下简称《办法》），明确了支付机构行政审批程序，强化了人民银行对非金融机构支付服务的监管职责，明确了支付机构的市场准入资质要求，强调非金融机构必须依法取得《支付业务许可证》后方可提供支付服务。同时，人民银行还研究落实非金融机构支付业务配套制度文件。

《办法》强调了客户备付金的安全管理要求。规定支付机构接受的客户备付金不构成支付机构的自有财产，不得以任何形式挪用客户备付金；支付机构应将在同一商业银行专户存放客户备付金；支付机构的实缴货币资本不得低于客户备付金总量的10%等。《办法》还明确了支付机构支付业务的规范经营要求，包括支付机构应按核准范围从事业务、报备与披露业务收费情况、制定并披露服务协议、核对客户身份信息、执行实名制规定、保守客户商业秘密、保管业务及会计档案等资料、规范开具发票、履行反洗钱义务等。

《办法》平等适用于在我国境内从事支付业务的非金融机构，包括《办法》实施前未经批准但已从事支付业务的非金融机构，以及拟于《办法》实施后申请从事支付业务的非金融机构。为确保支付服务的稳定运行，允许《办法》实施前未经批准但已从事支付业务的非金融机构可在《办法》实施后 1 年内依法取得《支付业务许可证》。逾期未能取得《支付业务许可证》的，将不得继续从事支付业务。

截至 2010 年 11 月登记工作结束之日，共有 370 多家非金融机构法人向人民银行提交了支付业务登记材料。目前，相关审批工作正在进行中。

农村支付环境取得新进展，服务水平显著提高。人民银行设置了山东寿光等10个农村支付服务环境建设联系点，探索不同地域、不同经济发展水平下农村支付服务环境建设模式。截至2010年年末，全国145个农村支付服务环境建设省级示范县中，单位结算账户和个人结算账户分别超过100万户和1.6亿户；人均持卡量超过1张，同比增长超过30%；持卡消费总额近2 000亿元，同比增长50%。

账户管理不断完善，金融账户实名制进一步落实。《境外机构人民币银行结算账户管理办法》的发布规范了境外机构开立和使用人民币银行结算账户的行为。开展存量个人账户核实试点，将2000年《个人存款账户实名制》颁布之前的非实名账户实名化，同时依法查处使用伪造变造身份证件开立的虚假账户、假名账户及匿名账户，个人银行账户实名制取得重大突破。组织开展同城账户比对试点，实现人民银行对银行账户的非现场监管。

（二）2011年支付体系建设展望

2011年，针对支付体系存在的薄弱环节，我国应继续建立健全支付结算法律制度，推动《票据法》、《支付结算办法》、《国内信用证结算办法》及《人民币银行结算账户管理办法》等相关法规制度的修订工作，推动《银行卡条例》出台，启动制定《支付结算系统管理条例》，加强商业银行网上支付的规范管理。改进支付服务基础设施建设，建成运行第二代支付系统和中央银行会计核算数据集中系统，完成网上支付跨行清算系统的推广应用，支持并推动电子商务的发展，改进支付清算系统运行维护和应急管理水平。规范市场运行和加强市场监督管理，在全国范围内组织开展银行业金融机构支付结算执法专项现场检查，加强非金融机构支付服务管理，依法有序开展非金融机构支付业务行政许可。改进完善农村支付服务环境，继续发挥全国农村支付服务环境建设联系点的作用，深入探索不同地域、不同经济发展水平下的农村支付服务模式创新。

二、法律环境

（一）金融业法律基础建设取得新进展

出台法律制度，夯实金融运行法律基础。2010年10月通过的《涉外民事法律关系法律适用法》，对我国涉外民事法律关系法律适用进行了系统规定，明确了我国金融业涉外业务的法律适用问题，为金融业“走出去”提供了法律支持。同时通过的《社会保险法》规范了社会保险基金投资运营。2010 年 4 月通过的《保守国家秘密法（修订案）》对金融决策过程中涉密事项的保护起到了重要保障作用。此外，国务院还发布了一系列法规和法规性文件，对维护市场秩序、规范投融资行为、强化金融支持实体经济、防范系统性金融风险起到了积极作用。

完善司法解释，促进金融业健康发展。最高人民法院发布的《伪造假币等案件具体应用法律若干问题的解释（二）》、《限制被执行人高消费的若干规定》、《关于审理金融资产管理公司利用外资处置不良债权涉及对外担保合同效力问题的通知》等一系列司法解释，对打击伪造假币、解决案件执行难、处置不良债权起到了积极作用。

发布部门规章办法，促进金融市场稳健经营。人民银行制定的《中国人民银行执法检查程序规定》和《非金融机构支付服务管理办法》，规范了人民银行执法检查工作，促进了第三方支付清算服务市场健康发展，在加强新设金融机构开业服务与管理工作的基础上，逐步开展以重大事项报告为核心的营业管理工作和对银行业金融机构的综合执法、综合评价工作。监管部门制定了《流动资金贷款管理暂行办法》、《个人贷款管理暂行办法》、《信托公司净资本管理办法》、《融资担保公司管理暂行办法》、《证券期货业反洗钱工作实施办法》、《财产保险公司保险条款和保险费率管理办法》、《保险资金运用管理暂行办法》等，进一步规范了相关行业的监督管理。

（二）2011 年立法展望

2011 年，进一步完善《证券投资基金法（修订草案）》。根据《国务院办公厅关于印发国务院 2011 年立法工作计划的通知》，力争出台《上市公司监督管理条例》，规范上市公司行为。推动《借用国际商业贷款管理规定》、《黄金市场管理条例》、《征信管理条例》、《期货交易管理条例（修订）》、《农业保险条例》适时出台。积极研究论证《证券投资者保护基金条例》、《银行业金融机构破产条例》、《银行卡条例》、《金融统计管理条例》、《结汇、售汇及付汇管理条例（修订）》等。

三、会计标准

（一）会计领域改革和会计标准国际趋同取得重要进展

新会计准则在金融业全面实施。截至 2010 年年末，农村合作金融机构基本实现按新企业会计准则编制财务报告，其他金融机构已全部实施新企业会计准则，提高了金融企业会计信息的可比性。为消除A+H股年报差异，财政部在2008年8月印发《企业会计准则解释第2号》的基础上，于2009年12月印发《保险合同相关会计处理规定》，消除了A+H股上市保险公司不同资本市场的会计处理差异。

会计领域多项改革实现突破。2010年4月，财政部等五部委联合发布《企业内部控制配套指引》，标志着我国企业内部控制规范体系的基本建成。2010年10月，国家标准管理委员会发布了可扩展商业报告语言（XBRL）技术规范系列国家标准，财政部发布了基于我国企业会计准则的XBRL通用分类标准，为构建科学完善、国际通行的会计信息化标准体系奠定了基础。2010年11月，财政部印发《小企业会计准则》（征求意见稿），以满足小企业会计确认、计量和报告的需要。

专栏16　可扩展商业报告语言的发展与应用

可扩展商业报告语言（XBRL）是一种计算机标记语言，主要用于非结构化信息处理，通过使用标准化的标记给各项数据元素打上“标签”和“记号”，进而实现会计信息和其他商业报告信息的定义和交换。

XBRL改变了传统的会计信息传递、处理和披露模式，具有重要的应用价值。XBRL有利于实现低成本、跨平台数据交换，提高财务报告的编制和使用效率；有利于数据信息自动化处理和校验，提高会计信息化管理水平；有利于增强会计信息的透明度和可比度，提高信息使用者特别是监管部门分析比较各类数据信息的工作质量和效率。全球金融危机后，金融机构风险管理日益受到重视，XBRL可以规范采集金融机构的数据信息，全面分析评价金融机构经营状况，使各项风险因素及时得到识别、处置和化解，为做好宏观审慎管理工作奠定数据基础。XBRL一经推出，即在全球财务报告编制和会计信息披露方面得到快速推广。

我国会计领域应用XBRL已取得实质进展，相关部门采取一系列措施，积极推进XBRL技术的运用。证券交易所完成了上市公司信息披露规则的XBRL分类标准，证券监管部门制定了证券投资基金信息披露XBRL分类标准，已实现定期报告XBRL数据全文覆盖。2008年11月，财政部牵头成立了会计信息化委员会暨XBRL中国地区组织，人民银行、银监会、证监会和保监会是主要成员单位，为保证XBRL在我国会计信息化领域统一、规范、有序地推进奠定了基础。2009年4月财政部发布《关于全面推进我国会计信息化工作的指导意见》，明确了我国会计信息化工作的目标和主要任务；2009年11月发布《中国XBRL分类标准架构规范》，2010年10月发布了XBRL技术规范系列国家标准和企业会计准则通用分类标准，标志着我国会计领域应用XBRL进入全新阶段。国家开发银行、中国人寿保险股份有限公司等13家企业将从2011年起实施企业会计准则通用分类标准。

我国XBRL推广应用已取得良好开局，但未来发展任务仍然艰巨。一是自2011年起实施的企业会计准则通用分类标准涉及面广、技术性强，需要相关部门和单位密切配合。二是相关监管部门在企业会计准则通用分类标准基础上，需研究探讨如何结合监管需要，统筹考虑XBRL在不同监管领域的综合运用。

积极参与国际会计准则制定。我国积极参与后金融危机时期的国际会计准则改革，推动会计准则国际趋同。一是我国企业会计准则与国际会计准则建立持续趋同机制。2010年4月，财政部发布《中国企业会计准则与国际财务报告准则持续趋同路线图》（以下简称《路线图》），将参与国际会计准则改革列为2010年会计准则工作的主要任务。2010年5月，国际会计准则理事会（IASB）采纳我国意见，对《国际财务报告准则第1号》（IFRS1）进行了重大修订，认同我国企业改制上市过程中对资产重估的会计处理，这是我国企业会计准则国际趋同中实现双向互动的重大突破。二是积极参与国际会计准则改革。针对国际会计准则中的金融工具、保险合同、收入确认、租赁、财务报表列报等多项内容，我国提出简化部分会计准则，改进金融工具减值的预期损失模型，谨慎运用公允价值计量等建议，得到IASB的积极响应。我国还积极参与亚洲—大洋洲会计准则制定机构组（AOSSG）的工作。

（二）2011年金融领域会计标准建设展望

2011年，我国将根据国际会计准则改革情况，结合实际情况和应对金融危机的经验，力争完成企业会计准则体系修订与完善工作，为逆周期的宏观审慎管理提供高质量的会计信息支持。继续推进与国际主要资本市场的会计准则等效，有效减少企业的融资成本，支持我国企业走向国际资本市场。做好金融企业内控体系实施工作，稳步推进XBRL在银行、证券、保险等金融行业的扩展与运用。

四、信用环境

（一）社会信用环境建设取得新进展

征信系统在社会信用体系建设中作用日益显著。全国集中统一的企业和个人征信系统，已经成为我国社会信用体系的重要基础设施，已是商业银行贷前审查的必经环节，在商业银行贷后管理中也发挥着重要作用。截至2010年年末，企业和个人征信系统已分别为近1 700万户企业和7.77亿多自然人建立了信用档案，累计总查询量分别为1.52亿次和8.12亿次。2010年全年，个人主动查询127.5万人次。与此同时，人民银行与相关部门合作，逐步将企业和个人在产品质量、环保、社保、外汇等领域的行政处罚等信息纳入征信系统。企业和个人征信系统提供的信用报告，正逐渐成为以信贷信息为核心，全面反映企业和个人信用状况和遵纪守法状况的"经济身份证"。

中小企业和农村信用体系建设取得积极进展。中小企业信用档案信息和农户信用档案不断充实、完善，为解决中小企业融资难和农户贷款难发挥了积极作用。截至2010年年末，全国累计补充完善未与银行发生信贷关系的中小企业信息215万户，已有26.4万户中小企业取得银行授信意向，其中15.6万户中小企业获得银行贷款，累计获得贷款总额54 731亿元。已有2 484个县（市、区）开展了农户信用档案建设工作，共为1.34亿农户建立了信用档案，其中获得信贷支持的农户达7 429万户。

（二）2011年社会信用环境建设展望

社会信用环境的改善和优化是一个长期的过程，需要各地区、各部门以及社会各界广泛参与，应从法律保障、制度建设、宣传教育等多个方面共同推进。2011年，我国将继续推动《征信管理条例》的出台，尽快颁布《商业银行征信业务管理规定（草稿）》。发挥社会信用体系建设部际联席会议作用，研究建立信用信息共享机制。继续推进中小企业和农村信用体系建设，鼓励根据各地特点与条件，探索适合当地中小企业和农村特点的中小企业和农村信用体系建设模式。开展征信宣传教育活动，在全社会积极营造良好的信用氛围。

五、反洗钱

（一）反洗钱工作有效性不断提升

首次开展国家洗钱风险评估。2010年，人民银行收集了近年来我国409个实际洗钱案例，首次对我国犯罪收益和洗钱类型进行统计分析，从国家层面评估洗钱的行业、产品、渠道和地区等风险，为今后开展全面国家洗钱风险评估奠定了基础。分析结果显示，金融业的洗钱风险明显高于其他行业，其中，银行业和证券业的洗钱风险要高于保险、期货及其他行业；在金融业务（产品）中，现金业务、跨境业务、电子业务、外汇业务和投资理财业务（产品）的洗钱风险较高，特别是现金业务和电子业务洗钱风险更为突出；洗钱风险主要集中在沿海经济发达地区，某些沿海沿边地区的跨境洗钱风险较高。

金融机构涉恐资产冻结机制初步建立。2010年5月，人民银行继续积极推动反恐融资立法体系的完善，发布了《中国人民银行执行外交部关于执行安理会有关决议通知的通知》，明确了金融机构反恐应关注名单、采取相应交易限制和报案等措施的职责。这是我国第一个专门针对涉恐资产冻结的规范性文件，在推动反恐立法与建立健全我国涉恐资产冻结机制方面走出了重要一步。

反洗钱监管进一步加强。一是组织开展了对部分金融机构的反洗钱现场检查。截至2010年年末，人民银行对2 426家银行、证券、保险业金融机构及其分支机构进行了反洗钱现场检查，并依法进行行政处罚。二是修订完善了非现场监管分析指标体系，并开展非现场监管评估，推广使用反洗钱监管交互平台，有效地提升了监管技术。三是研究细化大额现金存取管理制度，指导金融机构在大额现金存取业务中采取更有针对性的反洗钱措施。

反洗钱调查和案件协查力度继续加大。明确纳入可疑交易报告体系中的异常交易报告报送要求，引导金融机构降低可疑交易报告数量，提高可疑交易报告质量。金融机构重点可疑交易报告与2009年同期相比下降18.7%，转为人民银行调查线索的比例从2009年的10.5%提高到了12.3%。反洗钱调查线索质量大幅提高，反洗钱调查已经成为各地侦查机关的重要线索来源，2010年，人民银行发现和接受可疑交易线索8 240起，向侦查机关报案911起，报案线索转化为侦查机关立案的比例比往年同期提高近1倍，反洗钱打击犯罪效果明显。

反洗钱国际合作推向深入。2010年，国际合作的重点转向积极参与反洗钱国际标准的讨论及各项活动。按照金融行动特别工作组（FATF）时间要求完成我国评估3年来后续进展整体报告，积极参与完成FATF第四轮评估准备工作。积极参与欧亚反洗钱组织（EAG）等有关国际组织的活动，在区域性反洗钱组织中发挥重要作用。

（二）2011年反洗钱工作展望

2011年，我国将继续推动实施《中国2008~2012年反洗钱战略》。探索全国及区域性洗钱风险评估方法，尝试全面评估我国行业、产品、渠道和地区等洗钱风险。进一步修订、完善非现场监管指标体系。有计划、有重点做好现场检查工作，继续开展大额现金监测试点工作，探索建立适应非金融支付行业特点的反洗钱监管工作机制，继续研究房地产等行业反洗钱监管制度建设。进一步提升反洗钱调查成效。全力做好FATF评估后续工作，力争在2011年6月顺利退出评估后续程序。积极参与FATF标准修订，做好与国内政策衔接的研究准备工作。继续发挥我国在区域反洗钱组织的影响力。

第八章

构建宏观审慎管理制度框架

随着危机后国际金融监管改革的不断推进，国际社会和主要国家越来越认识到，不能只关注单个金融机构或单个行业的稳健合规，还必须从系统整体的角度加强风险防范。目前，国际社会和有关国家金融监管改革的核心内容体现在进一步完善系统性风险防范制度、建立健全宏观审慎管理制度框架上。我国金融体系虽然受到危机的冲击较小，但经济金融体系中存在的系统性风险隐患不容忽视。因此，我国“十二五”规划明确提出，要构建逆周期的金融宏观审慎管理制度框架，这对于进一步加强和改进我国金融宏观调控，提升系统性风险防范能力，熨平经济周期性波动，保持经济金融平稳较快发展具有重要的现实意义。

一、宏观审慎管理制度框架的形成背景和内涵

宏观审慎管理制度框架形成于2008年国际金融危机加剧之后。目前对于危机形成的原因，国际社会普遍认为，一是由于金融体系的顺周期性。危机前，市场价格走高、乐观情绪和信贷迅猛增长相互推动形成了资产泡沫，而在危机发生后，资产价格下跌、恐慌情绪和信用紧缩相互作用，导致资产价格持续暴跌并进一步加剧危机，这些都体现了典型的顺周期性。此外，监管标准和做法、会计准则、信用评级等环节也存在顺周期性。二是由于系统重要性金融机构（SIFIs）带来的风险。由于SIFIs规模大、交易对手多、组织机构复杂、与其他机构和投资者的关联性强且不可替代性较高，因此此类机构一旦陷入困境，不仅自身面临巨大的救助成本，也会影响交易对手和市场信心，加剧市场恐慌，造成金融体系的整体不稳定。同时，SIFIs还存在“大而不能倒”所造成的道德风险，其破产成本高，需要考虑风险传递和成本如何分担的问题，还涉及多个国家的股东和债权人能否得到平等对待的问题。因此，国际社会普遍认为，应该对SIFIs采取更高的审慎性标准，在对其进行风险处置时也应更为坚决。

基于上述考虑，2009年年初，国际清算银行（BIS）提出用宏观审慎的概念来概括导致危机爆发的顺周期性、“大而不能倒”、监管不足、标准不高等问题。这一概念逐渐被二十国集团（G20）及其他国际组织所采用。G20匹兹堡峰会最终形成的会议文件开始正式引用“宏观审慎管理”和“宏观审慎政策”等提法，G20首尔峰会则进一步形成了宏观审慎管理的基础性框架，主要包括监管和宏观政策方面的内容，并要求G20各成员国落实执行。此后，金融稳定理事会（FSB）、巴塞尔银行监管委员会（BCBS）等国际组织和全球金融体系委员会（CGFS）、三十人集团（G30）都提出了加强宏观审慎管理的

各种具体政策措施。

宏观审慎管理制度框架是一个动态发展的框架，目标是防范系统性金融风险、维护金融稳定，主要特征是建立更强有力的、体现逆周期性的政策体系。宏观审慎管理制度框架主要涉及对银行的资本、流动性、杠杆率、拨备等审慎性要求，对 SIFIs 的额外要求以及会计标准、信用评级、衍生产品交易集中清算、影子银行监管等方面内容。上述很多宏观审慎政策工具在实践中已在一些国家得到应用，危机后国际组织和有关国家把一些国际公认的政策工具加以归纳完善，初步形成了宏观审慎管理制度框架，并逐步得到更广泛的应用。需要指出的是，在这一框架中，建立逆周期调控机制和强化 SIFIs 监管，是危机后提出的新内容，相关工作已经取得了重要进展。深刻领会其政策理念和实施标准，对于加快建立我国宏观审慎管理制度框架具有很好的借鉴意义。

二、国际社会加强宏观审慎管理的进展

（一）建立逆周期资本缓冲

2010 年 12 月，BCBS 发布《逆周期资本缓冲操作指引》，提出建立逆周期资本缓冲机制，将其作为银行业监管改革的一项重要内容，以降低整个银行体系的顺周期性。

强调资本对信贷增长的约束作用。逆周期资本缓冲机制能够在信贷过度增长且可能引发系统性风险时，促使银行储备更多资本，即建立更具前瞻性的逆周期资本缓冲，以抑制信贷的过度扩张；在经济下行、信贷周期出现逆转时，可以释放银行的逆周期资本缓冲，以吸收损失，保护银行体系免受剧烈冲击。因此，逆周期资本缓冲机制不仅可以保证单个银行在压力状态下能够正常经营，还能确保在信贷周期逆转时，整个银行体系有充足资本来维持信贷的增长，因此可以起到金融周期扩张和收缩阶段的稳定器的作用。

以信贷/GDP 对自身长期趋势的偏离度作为指导变量。测算逆周期资本缓冲的核心是如何判断信贷出现过度增长。BCBS 以成员国历史数据为基础，对宏观经济、银行业经营状况以及融资成本等多个方面的变量进行了测算分析。测算结果表明，与宏观经济相关的信贷/GDP 指标和银行危机事件的相关度最高。因此，BCBS 明确将信贷/GDP① 对自身长期趋势的偏离度作为计提逆周期

① BCBS 指出，如果将公共部门信贷纳入信贷总量，则信贷/GDP 指标与危机历史事件的相关度降低，因此提出将私人部门信贷/GDP 对自身长期趋势的偏离度作为指导变量，本章简化为信贷/GDP 指标。

资本缓冲的指导变量。当一国信贷/GDP 接近或低于其长期趋势时，表明信贷风险较低，逆周期资本缓冲可设定为零；当信贷/GDP 高于其长期趋势时，表明信贷过度增长，系统性风险累积，应计提逆周期资本缓冲。

但是 BCBS 强调，信贷/GDP 并非唯一参考变量，因为信贷变化具有滞后性，信贷/GDP 指标可能无法及时发出信号，且这一指标并不能充分体现各国经济金融发展所处的不同阶段。基于上述考虑，BCBS 赋予各国当局自主裁量权，在本国信贷状况和系统性风险评估基础上，自主选取测算逆周期资本缓冲的指导变量，但要注意防范所选变量发出误导信号。同时，BCBS 指出各国可根据市场情况动态调节缓冲规模，可在危机爆发时快速释放缓冲，或在信贷周期出现逆转且金融体系未出现明显波动时，允许银行自主使用多余资本。此外，BCBS 建议各国当局定期更新对信贷变化和风险状况的评估，及时披露关于逆周期资本缓冲的相关决策。

确定实施标准和过渡期安排。BCBS 规定在普通股最低资本充足率和资本留存缓冲之外[①]，设置逆周期资本缓冲，具体标准为普通股充足率增加 0 ~2. 5 个百分点。由于逆周期资本缓冲实质上增加了银行的资本约束，考虑到各国银行需要时间调整信贷策略，BCBS 设置了过渡期安排，即从 2016 年 1 月 1 日起进入过渡期。第一年逆周期资本缓冲的要求为 0. 625%，以后每年增加 0. 625%，到 2019 年 1 月 1 日最终达到 2. 5%。同时，鼓励信贷增长过快的国家适当考虑加快建立逆周期资本缓冲，可根据情况设置更短的过渡期。此外，BCBS 特别考虑了国际活跃银行的逆周期资本缓冲安排。由于各国享有自主裁量权，不同国家逆周期资本缓冲要求不同，为此，BCBS 规定国际活跃银行应以其在不同国家的信用风险暴露为权重，加权计算所应提取的逆周期资本缓冲。

逆周期资本缓冲框架需在实践中不断完善。逆周期资本缓冲框架得到 BCBS 各成员国的积极响应，目前已有部分国家着手推动建立本国的逆周期资本缓冲制度，如瑞士表示将要求瑞士信贷和瑞银集团两家大银行建立 0 ~2. 5% 的逆周期资本缓冲。但是逆周期资本缓冲机制在实际操作中也面临一些难点和问题。各国当局在参考变量、缓冲释放等方面享有自主裁量权，将会导致各国逆周期资本缓冲要求不一致，国际活跃银行可能会调整在不同国家的风险暴露，以实现较低的逆周期资本缓冲，从而导致信贷流向风险较高的地区。此外，各国辖内银行遵从统一的逆周期资本缓冲要求有欠公平，有可能导致银

---

① 根据 BCBS 规定，银行的普通股最低资本充足率为 4. 5%，资本留存缓冲为普通股充足率增加 2. 5 个百分点，因此普通股资本加上留存资本缓冲后应达到风险加权资产的 7%。在此基础上，再设定逆周期资本缓冲，为普通股充足率增加 0 ~2. 5 个百分点。

行逆向选择，倾向于开展高风险、高收益的信贷业务。能否针对单个银行提出缓冲要求，提高政策针对性，将成为完善逆周期资本缓冲框架面临的挑战。

（二）强化对系统重要性金融机构的监管

2010 年 10 月，FSB 发布《降低系统重要性金融机构的道德风险》报告，从强化监管、提高损失吸收能力、完善处置机制以及保持各国政策一致性等方面提出 SIFIs 的政策框架。FSB 和 BCBS 正在对 SIFIs 具体评估方法及提高损失吸收能力、提高监管有效性以及危机处置工作等问题进行研究，相关政策措施将于 2011 年陆续出台。

系统重要性金融机构的评估方法。根据 2009 年 10 月 IMF/FSB/BIS 提出的指引，识别 SIFIs 主要考虑规模、关联性和可替代性等三方面的指标，其中，规模反映一个机构在整个金融体系中的地位，关联性反映一个机构经营状况和风险对其他机构、交易对手和行业的影响，可替代性反映客户和其他机构对该机构的依赖程度。同时，针对全球系统重要性金融机构（G－SIFIs）在国际金融活动中处于领先地位、对国际金融体系的稳定性产生关键影响的特点，识别 G－SIFIs 还要考虑能够反映其全球活跃程度的指标，如跨境资产和负债等，这些指标达到一定比例的，将纳入 G－SIFIs 范围。此外，考虑到大多数 SIFIs 在全球开展业务，或通过资产负债表等途径与全球金融体系关联密切，还需在评估方法中引入复杂性指标，以反映其组织结构和业务复杂程度。

强化系统重要性金融机构的吸收损失能力。FSB 认为 SIFIs 应在巴塞尔Ⅲ确立的最低资本要求之上，保有额外资本。但对额外资本的具体构成和比例，国际社会尚未达成共识。有的意见认为，额外资本要求应是一级资本中的普通股，也有意见认为可通过应急资本工具、债务工具、其他具有“自救”（bail－in）性质的债务等方式满足额外资本要求。一些国家已着手对本国 SIFIs 提出了额外资本要求，有的国家建议一级资本的普通股占风险加权资产的 1%～2%，有的国家提出了更高的要求，建议应为 6%。但也有意见认为，在确定具体比例时要避免造成金融机构过高的资本成本。在额外资本要求之外，有关国际组织还在研究其他政策措施，包括对 SIFIs 实施更严格的大额风险暴露限制和额外流动性要求等，以限制金融机构从事高风险金融业务、避免其规模过于庞大。

提高监管力度和有效性。FSB 建议各国从以下五方面改善监管体系：一是明确监管权力与独立性，以识别早期风险并进行干预；二是各国监管机构应具有对 SIFIs 基于风险实施差别化监管的权力；三是强化针对金融体系复杂性和关联性的监管措施，提高监管标准，实现宏观和微观风险监测一体化；四是各国应建立不同监管机构之间的信息收集和共享机制，促进监管协调；五是针对所有大型跨境金融机构，各国监管机构应共同建立联合监管机制，并与大型跨境金融机构定期进行磋商，全面评估其经营行为及面临的风险。FSB 还要求 BCBS、国际证监会组织（IOSCO）和国际保险监管官协会（IAIS）在更新相关核心原则时充分考虑上述建议，并且要求各国监管当局改进监管方法和提高监管技术。

完善风险处置安排。FSB 提出，所有 SIFIs 应建立处置计划，一旦出现风险，要对其进行有序处置。根据 FSB 的上述要求，有关国际组织正在对 SIFIs 有效处置的核心工具、处置计划的关键要素、评估可处置性的标准、自救工具以及针对单个机构的危机处置跨境合作协议等问题进行深入研究。各国应明确指定负责处置的机构，并赋予相应的权力，建立相应制度安排，避免动用纳税人资金。

专栏 17 宏观审慎管理中有关中央银行作用的观点

国际金融危机爆发后，加强宏观审慎管理、发挥中央银行在宏观审慎管理中的核心作用成为国际社会共识。

国际货币基金组织（IMF）在“宏观审慎政策：亚洲视角”国际研讨会的会议总结中指出，宏观审慎政策应纳入宏观经济政策框架，货币政策制定者应在宏观审慎管理中发挥核心作用。作为宏观审慎管理的唯一或主导机构，中央银行应有权针对系统性风险提出并实施监管措施。IMF 总裁卡恩认为，常规的宏观经济政策与宏观审慎工具之间具有内在联系，需要通盘考虑，这意味着中央银行今后的作用将发生变化。欧洲中央银行（ECB）行长特里谢指出，中央银行具有维护金融稳定的天然职能，其政策导向是中长期的，在宏观审慎管理中应发挥重要作用。

经济学家布兰查德认为，宏观审慎职责集中于中央银行，有利于中央银行分析、调整货币政策对杠杆率和风险偏好等的潜在影响。货币政策与审慎管理政策的有效结合能够提供许多应对危机的逆周期性工具。国际清算银行（BIS）行长卡如阿那指出，货币政策与金融稳定的紧密关系，决定了中央银行必须在宏观审慎管理框架中发挥重要作用，因为中央银行是唯一能在短时间内为金融体系注入大量流动性的机构，中央银行是“最后贷款人”，支付清算系统是现代金融系统的核心，中央银行拥有大量资源分析宏观经济和金融形势。ECB 理事思马杰认为，中央银行难以以利率这一单一政策工具来实现物价稳定和资产价格稳定两个目标，因此中央银行需要其他工具来应对资产价格变化，而这些工具属于宏观审慎管理的范畴。经济学家库德哈特指出，中央银行的本质在于通过调整自身的资产负债表创造流动性，而流动性管理又是金融稳定的关键。如果全权负责流动性管理的中央银行没有宏观审慎管理权，局面将会非常复杂。英国财政大臣奥斯本指出，只有中央银行才具有对宏观经济的深入理解、权威和知识来作出宏观审慎决策。中央银行作为最后贷款人，需要全面了解其要支持的金融机构的各方面情况。

美联储主席伯南克指出，金融危机最深刻的教训是金融机构“大而不能倒”的问题必须解决。美联储原本可以于危机前在银行资本标准方面做更多事情，但美联储缺乏对金融机构进行全面监管的权力。美联储最适合监管大型、复杂金融机构。白宫经济顾问沃尔克认为，货币政策和金融稳定这两个方面不可分割，应赋予美联储对系统重要性银行的监管权。美联储需要获得关于银行运作的、有价值的第一手资料，以统揽市场和经济全局。日本银行行长白川方明指出，中央银行维护金融体系稳定是不可或缺的，也必将在宏观审慎管理中扮演重要角色。危机前，日本央行就开始进行宏观审慎管理，对在其开立存款账户的金融机构开展现场检查，掌握更多关于金融机构业务表现和资产质量的信息，以便分析评估金融体系的整体风险。

三、加快构建我国宏观审慎管理制度框架

近年来，我国金融管理当局在加强宏观审慎管理方面进行了有益探索。人民银行在总结现有宏观审慎管理做法的基础上，不断丰富和完善相关政策工具。下一阶段，应在吸收借鉴危机教训和国际有效做法的基础上，根据我国国情，统筹建立我国宏观审慎管理制度框架，建立宏观审慎管理和微观审慎监管协调配合、互为补充的体制、机制，发挥中央银行的主导作用，加强部门协调，有效维护金融体系稳定，提升金融支持经济增长的可持续性。

（一）处理好宏观审慎管理的几个关键问题

构建我国宏观审慎管理制度框架，需要处理好几个关键问题。一是处理好促进金融体系稳定与影响金融体系效率之间的关系，坚持积极稳妥、边试边看

的原则，起步阶段旨在建立基本制度和职责分工，政策力度把握上力求稳妥。二是处理好宏观审慎管理、微观审慎监管与货币政策之间的关系。宏观审慎管理关键是在客观准确判断宏观形势基础上进行适时的逆风向调控，本质上是宏观管理和金融稳定的有机组成部分。负责制定宏观审慎政策的机构应当对宏观经济及其风险变化相当敏感，在货币信贷管理以及宏观经济判断的经验、手段、数据、人才等方面具有优势。同时，吸取金融危机的教训，金融宏观调控有必要更加关注更广泛意义上的整体价格水平稳定，更多地考虑金融稳定和宏观总量风险问题，因此，在充分发挥利率等传统工具作用的同时，金融宏观调控也亟须通过实施宏观审慎管理以丰富和补充新的手段。三是要处理好宏观审慎管理与会计标准之间的关系，注意在符合会计标准前提下设计和实施政策工具。四是既需要考虑标准统一和国际协调，避免监管套利，也需要根据各国国情确定工具和参数，增强政策调节的灵活性。

（二）建立逆周期宏观调控机制

从国际情况看，建立逆周期宏观调控机制是以银行融资为主的经济体加强宏观审慎管理的主要做法。由于历史和体制的原因，我国银行信贷在全社会融资中占比仍较高，信贷波动与经济周期变化和系统性金融风险之间关系较大，因此，建立逆周期信贷调控机制是我国加强宏观审慎管理的主要内容之一。近年来，人民银行不断探索逆周期的信贷调控模式，既重视利率等价格型指标变化，也重视货币信贷增长状况，通过窗口指导等方式加强风险提示，并运用信贷政策、差别准备金、调整按揭成数等手段加强宏观审慎管理，引导货币信贷平稳增长。其中，差别准备金动态调整基于银行信贷偏离经济增长和物价指数的程度，同时考虑各金融机构对总体趋势的影响、系统重要性程度和稳健性状况，有助于引导金融机构信贷合理、适度、平稳投放，优化信贷结构，同时还可以为金融机构提供一种自我约束、自我调节的弹性机制，从提高资本水平和改善资产质量两个方面增强风险防范能力，达到防范系统性风险积累的目的。

下一阶段，应继续完善差别准备金动态调整机制，把货币信贷和流动性管理的总量调节与构建宏观审慎管理制度框架结合起来，引导货币信贷适度增长，提升金融机构抗风险能力。在这一过程中，要严格把握银行业金融机构的信贷总量和进度，密切监测金融机构资本充足水平、资产质量、流动性、拨备覆盖程度、杠杆率水平等状况，及时掌握相关数据，并结合金融机构年度审计结论、评级结果、内控水平、案件及支付风险等信息，全面准确评估金融机构稳健性状况。在此基础上，合理设置、不断完善稳健性调整参数，并据此对差别准备金进行调整，从而激励银行从可持续发展的角度，调整自身经营行为，实现稳健经营。

研究表明，我国信贷/GDP对自身长期趋势的偏离度大体领先于经济周期变化。用信贷/GDP作为基础指导变量，建立银行体系的逆周期资本缓冲，有助于防范银行贷款损失风险，提高宏观经济政策的前瞻性，强化资本对商业银行经营行为的约束力。因此，要积极研究建立符合我国银行体系特点的逆周期资本缓冲机制。

（三）降低我国系统性金融机构风险的政策措施

近年来，我国金融行业、金融市场之间的关联性更加密切，金融产品复杂程度大幅提高，大型金融机构的规模和实力日益增强，在大力服务经济社会发展的同时，其经营状况和风险隐患也具有系统重要性影响。为切实维护金融稳定，当前应把握国际趋势，立足我国国情，研究制定我国SIFIs评估方法以及降低风险的政策措施。

从防范和化解系统性风险、维护金融稳定的目标出发，我国SIFIs评估应采用定量指标和定性判断相结合的方法，由负责金融稳定的宏观审慎部门会同行业监管机构共同作出判断。定量指标要考虑规模、关联性、可替代性、复杂性等指标，定性判断要考虑金融机构的公司治理、内控机制、风险管理能力、风险传递途径等因素。

SIFIs的业务活动和风险管理与系统性风险密切相关，需要从金融体系的整体角度考虑，对SIFIs提出更严格的监管要求和标准。一是根据SIFIs系统重要性程度的不同，实施不同的额外资本要求。二是在杠杆率、流动性、大额风险暴露和风险拨备等方面建立更严格的监管要求和标准，定期开展压力测试。三是研究SIFIs并购投资行为的管理政策，对其开办业务、新设分支机构、营业网点布局采取审慎态度。

为降低SIFIs经营失败对金融体系可能产生的负面影响，防范道德风险，对陷入经营困境的SIFIs需要建立有序的风险处置和清算安排。要强调股东、债权人和经营者的责任，建立特别清算安排，利用存款保险机制作为风险处置平台，发挥中央银行的后援作用并建立有效的跨境合作机制。

专栏18 宏观审慎分析探索：基于支付结算信息的金融网络稳定状况跟踪

随着对此次金融危机反思的不断深入，各方关于系统性风险的讨论也进入到新的阶段，特别是不同机构间相互影响和传染所导致的系统性和网络化风险更是成为了当前讨论的焦点。金融网络主要指金融机构间（主要是银行间）由各种实际金融交易而形成的相互联系的整体，金融网络结构则重点描述不同网络的整体形态与结构特征，并从相互联系的角度对整个金融体系的内部特征和风险传递机制进行剖析。本章在2010年构建的基于银行间支付结算信息的金融网络模型①基础上，增加了波及强度指标（I_1）以进一步反映网络结构与稳定性状况，通过对2007年5月至2010年12月共44个月度支付结算数据的实证分析，对整个金融网络的稳定状况、网络的结构变化以及各金融机构间（主要是银行间）的流动性风险传递过程进行了更全面的动态描述与跟踪分析。

一、我国金融网络稳定状况跟踪

通过对支付数据的实证分析，可以得到我国金融网络稳定性的广度（B_1）、深度（D_1）与强度（I_1）指标②。研究表明，稳定性指标的变化主要源于每个网络节点流动性的变化以及网络结构、节点之间连接程度的改变，而且深度指标（D_1）对网络连接度变化更敏感，而广度（B_1）与强度（I_1）指标则较多地反映了节点承受能力的变动。

从金融网络稳定性指标的走势来看（图8-1），2010年无论是广度（B_1）、深度（D_1）还是强度（I_1）指标的波动均表现出了低位增强的特点，即与历史走势相比，2010年的B_1、D_1和I_1虽然平均水平仍然不高，但在个别时段曾出现过一定程度的上升与波动，如8月和11月。其中，B_1与I_1的走势大体相近，均出现了先升后降的趋势，而D_1的波动则相对剧烈。这既反映了节点流动性变动的影响，也反映了网络连接程度的改变，但其中网络节点流动性的变动对于整个网络稳定性的影响比网络结

① 具体内容见《中国金融稳定报告（2010）》专栏19“宏观审慎分析方法探索：基于支付结算信息的金融网络模型”。

② 关于网络稳定性广度（B_1）与深度（D_1）指标的估计方式与《中国金融稳定报告（2010）》专栏19基本相同，但采用了更加严格的风险标准，强度（I_1）指标则衡量冲击造成的损失占网络交易总规模的比重。这些稳定性指标数值越大，表示网络受外部冲击的影响程度越大，系统性风险也就越大，反之则相反。

构本身的改变更显著，这与我国2010年的金融宏观审慎调控的节奏大体吻合。

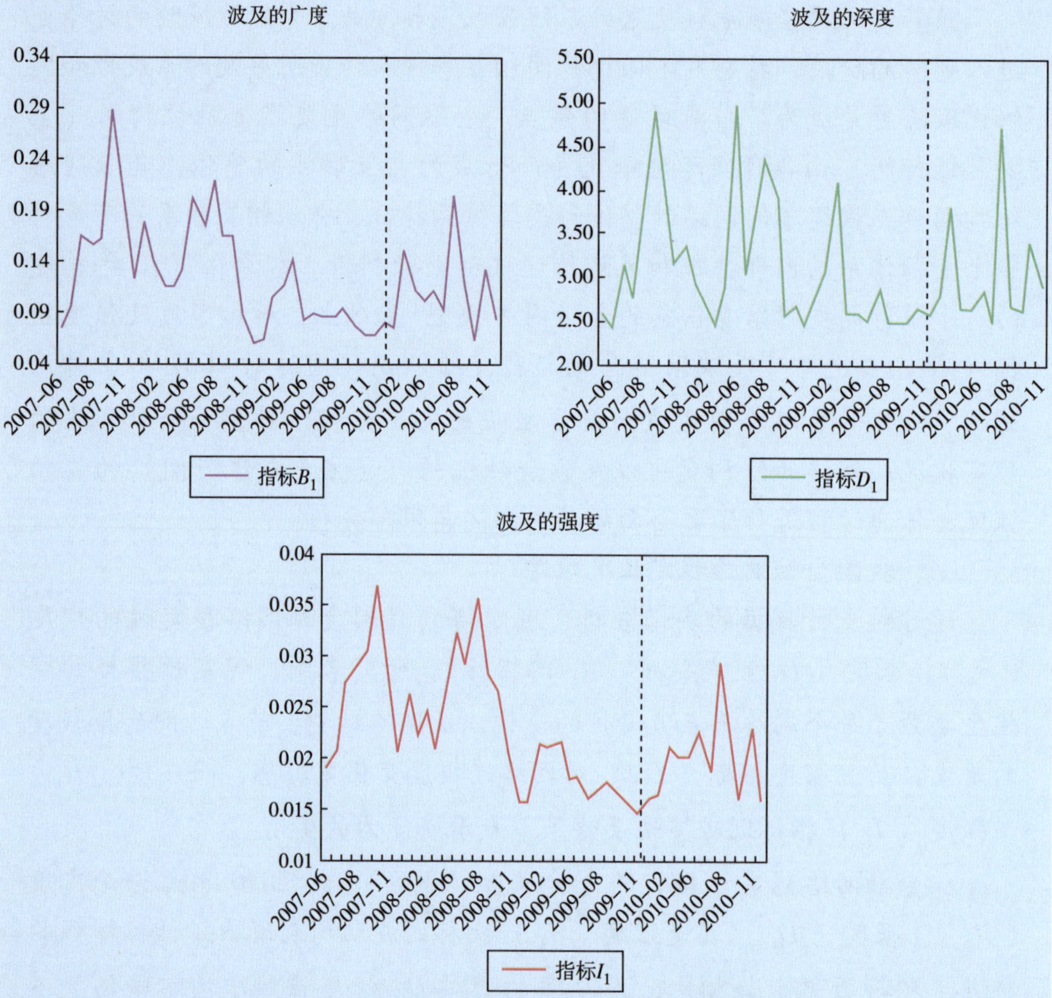

图8－1　我国金融网络稳定性指标走势跟踪

二、我国金融网络结构的变化

选取2010年6月这一截面对我国银行网络的结构特点及其变化进行跟踪分析（图8－2）。考虑到数据细化的困难以及时间维度上的可比性，研究主要针对由大型商业银行[①]、政策性银行[②]、股份制商业银行、城市

① 本专栏中，大型商业银行指中国工商银行、中国农业银行、中国银行和中国建设银行4家，交通银行在股份制商业银行中统计。

② 本专栏中，政策性银行包括国家开发银行、中国进出口银行、中国农业发展银行3家。

商业银行、农村商业银行、农村合作银行、农村信用社、城市信用社、邮政储蓄银行及外资银行共84个节点构成的支付网络。其中，城市商业银行、农村商业银行、城市信用社与农村信用社均为单个节点。

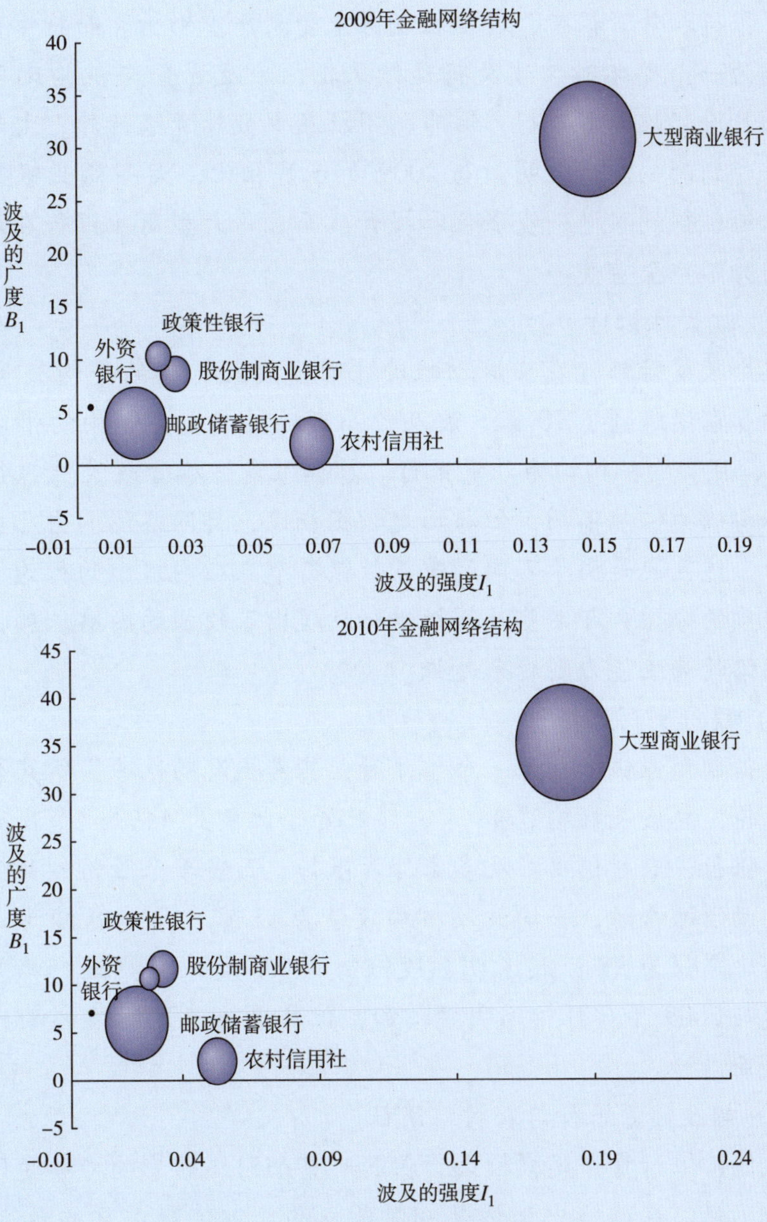

图8-2　我国金融网络结构情况对比①

① 图8-2分别为2009年与2010年大型商业银行、股份制商业银行、政策性银行、邮政储蓄银行、农村信用社以及外资银行的网络稳定性指标情况，图中球体的面积代表了不同类别机构的平均头寸规模。

（一）大型商业银行

从流动性风险的传递情况看，当一家大型商业银行发出流动性冲击的时候，平均有约 30 家银行受到不同程度的波及，机构数量占比接近 36%，且波及平均延续 5 轮，涉及资金比例达 18%。受波及的节点主要为政策性银行和外资银行，其他机构并未受到严重影响。而将 4 家大型商业银行作为一个整体时，波及将延续 7 轮，涉及资金与机构比率均超过 80%，而且除邮政储蓄银行、城市信用社及少数外资银行外，大部分银行机构都将受到影响。这表明，与 2009 年 6 月相比，大型商业银行在网络中的核心地位得到了进一步强化和提升，而且各大型商业银行在网络中的覆盖范围并不完全重叠。

（二）政策性银行

当单个政策性银行发出流动性冲击时，波及机构的平均数量由 2009 年 6 月的 5 家增加到了 10 家，波及最高可延续 6 轮，影响的平均资金比例为 3%，且影响机构均为外资银行。总体上看，尽管政策性银行在网络中的整体影响力依然不高，但与历史数据相比，其网络影响力已出现了明显的提升。这主要是由于不同的政策性银行节点在网络中的行为模式出现了一定程度的分化，即某些政策性银行表现出了较强的网络依赖性，而另一些对网络的影响能力则越来越强。

（三）股份制商业银行

将股份制商业银行作为一个整体时，其发出流动性冲击所产生的影响将延续 3 轮，总波及机构达 48 家，涉及资金比例为 44%，受波及机构包括政策性银行、农村信用社及多家外资银行。而当单个股份制商业银行分别发出流动性冲击时，平均波及机构数量为 11 家，平均延续为 3 轮，影响的资金比率仅为 3%。这表明，股份制商业银行联系广泛，其整体网络影响强度与 2009 年 6 月相比明显增加，但其单一节点网络影响力还远不及大型商业银行。

（四）邮政储蓄银行与农村信用社

邮政储蓄银行资产规模较大，但其对整个网络的影响力和受网络的影响程度都不强，在网络中仍然是相对孤立的。但值得注意的是，与 2009 年 6 月相比，邮政储蓄银行的网络连接程度有所提高，其发出流动性冲击所波及的机构数量为 7 家，延续的轮数也达到了 4 轮，且受其影响的主要为外资银行。

将农村信用社作为一个整体时，对整个网络产生的影响仍为 2 轮，受影响机构比例下降为3%，涉及资金比例也降为5%。而当单个大型商业银行或股份制商业银行整体发出冲击时，农村信用社均不会受到严重波及。由此可见，农村信用社作为局部的子集在网络中的独立性有所提高。

（五）外资银行

当单个外资银行分别发出流动性冲击时，平均影响机构数量为7家，波及的延续轮数仅为2轮，影响的交易量也只有0.7%，说明外资行在网络中影响力较弱。但由于外资银行在支付网络中的节点数量较多，对金融网络稳定性的广度（B_1）与深度（D_1）指标的影响较大。实证跟踪发现，2010年8月和11月，由于部分外资银行节点与邮政储蓄银行、农村信用社、部分股份制商业银行及政策性银行的网络连接程度上升，导致了网络稳定性指标波动的加剧。

整体来看，我国金融网络结构并未出现大的变化，网络的稳定基础较好。但是由于外资银行及部分股份制商业银行与政策性银行网络关联度的上升，加之银行现金头寸的变化，使得整个网络的稳定性出现了一定程度的波动。

（四）加强金融统计和系统性风险监测预警体系建设

风险监测预警体系是宏观审慎管理制度框架的重要组成部分，而有效的监测和预警有赖于真实、及时、完整的金融数据和信息。应加快建立覆盖全面、标准统一、信息共享的金融业综合统计体系，构建银行、证券、保险及境内外业务相互协调的统计体系，建立金融控股公司、表外实体、金融衍生产品统计制度，确保金融统计体系建设跟上经济发展与金融创新的步伐；积极推进金融统计标准化建设，切实提高信息共享水平和统计信息透明度，避免重复统计并强化信息安全和保密工作，搭建跨部门工作交流与信息共享平台。同时，在全面提升金融统计水平的基础上，借鉴国际经验，开发全面反映金融体系内部状况、金融体系与实体经济之间联系的金融监测指标体系，完善系统性金融风险监测评估框架，建立具有前瞻性的风险预警体系。

专栏19　加强金融统计标准化建设

随着国际经济全球化和金融创新的迅猛发展，现行统计指标体系难以适应新形势的问题日益突出。特别是2007年爆发的国际金融危机更加凸显了对跨机构、跨市场、跨境交易及创新型机构和产品监测的迫切需要。尽快建立银行、证券、保险及境内外相互协调的系统性金融风险监测指标体系已成为国际共识。一些国际组织和国家对此已进行了大量的有益探索，并建立了相应的统计体系，但仍不能解决数据缺失和共享基础薄弱等问题。

金融统计标准化是建立统一、科学的综合金融统计体系的前提，也是提升我国金融统计水平、完善监测体系的重要手段。用统计信息标准化的手段能从源头上解决和促进各类金融信息的协调，提高数据质量，有效推动信息共享。重新构建中央银行金融统计体系，既要满足宏观审慎管理的需要，也要立足于现实基础。

我国金融统计标准化遵循了国际通行的做法，从源头上规范统计信息，包括机构部门、金融机构、金融工具统计分类标准、金融工具计值标准及金融统计常用术语标准等。标准具体分为通用标准、专项标准和数据元标准。

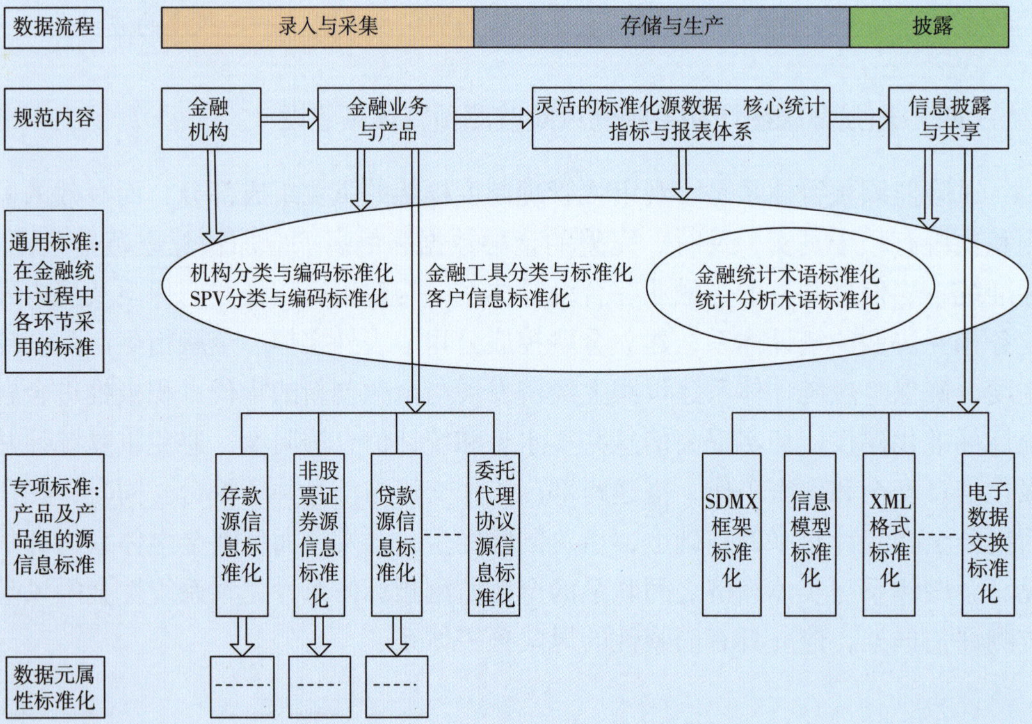

图8-3　金融统计标准化框架

金融统计标准化框架（图8-3）通过标准化的统计机构分类明确金融统计范围，根据国民经济核算理论和我国金融体系的现状及发展趋势，除包含银行业、证券业、保险业机构外，也要包含企业年金、贷款公司、农村资金互助社、村镇银行及特定目的载体（SPV）等金融机构，还要将交易结算类金融机构、金融控股公司及小额贷款公司等纳入统计范围。金融工具统计分类标准化应按照金融资产特征规范逻辑分类和标准定义，根据宏观审慎管理的需要，涵盖银行、证券、保险及交叉性金融业务，统一社会各界对金融工具和产品的认识，提高宏观数据的同质性、协调性和可比性。对金融统计术语进行标准化，推进金融统计信息从采集到披露过程用语的规范化，有利于避免因缺乏术语标准而引起歧义和误解，提高信息交流的效率和准确性。此外，还应对录入、采集、存储、生产和披露等统计处理流程进行标准化。

目前，中国人民银行已发布《金融机构编码规范》、《金融工具统计分类及编码标准》、《贷款统计分类及编码标准》、《存款统计分类及编码标准》、《特定目的载体（SPV）编码标准》、《理财、资金信托统计数据元标准》等多项标准。下一步，将继续完善金融统计标准化框架，为构建我国宏观审慎管理制度框架奠定基础。

（五）建立健全危机管理和系统性风险处置框架

从欧美等主要国家（地区）应对此次国际金融危机的过程看，中央银行最后贷款人、财政超常规救助职能和存款保险制度等发挥了关键性作用。我国应进一步完善中央银行最后贷款人功能定位，丰富相关政策工具和手段。完善金融风险处置中的成本分担机制，科学界定不同救助工具的功能、实施主体、适用条件及范围，加强部门之间及政策工具之间的协调配合，完善国家应对突发金融风险的快速反应机制。加快推出功能完善、权责统一、运行有效的存款保险制度。不断完善相关法律法规，建立金融机构的市场化退出机制。

专题一

部分国家和地区金融监管改革及启示

金融监管体制不适应金融业发展变化，是本次国际金融危机发生和蔓延的一个重要原因。2010 年，美欧等国家和地区相继出台金融改革方案，对金融监管体制进行重大调整，集中体现为以防范和化解系统性风险为目标，促进货币政策、金融稳定和金融监管的协调统一，反映了国际金融监管发展的主流趋势。改革后，金融监管环境趋于严格，金融机构经营行为更加审慎，将对全球金融稳定产生积极作用。中国应借鉴这些国家和地区金融监管改革的有益经验和做法，从我国金融业改革发展的实际出发，进一步深化金融体制改革，完善维护金融稳定的制度安排。

一、改革的主要内容

（一）美国金融监管改革的主要内容

2010 年 7 月，美国颁布《多德—弗兰克华尔街改革和消费者保护法案》（以下简称《多德—弗兰克法案》），以强化防范和化解系统性风险为主线，着重从以下几个方面完善金融监督和管理体系。

设立金融稳定监督委员会，识别和防范系统性风险。新设立的金融稳定监督委员会（FSOC）由 10 名有投票权成员和 5 名无投票权成员构成，承担以下职责：识别系统重要性机构、工具和市场，以及源于金融体系内外的、威胁金融稳定的风险，对风险提出应对措施；经委员会 2/3 以上成员同意，确定哪些非银行金融机构属于系统重要性机构，并指定美联储监管；建议美联储对系统重要性机构提高监管标准；在必要时批准美联储分拆严重威胁金融稳定的金融机构。

扩大监管范围，填补监管漏洞。一是美联储作为系统重要性机构的监管主体，不仅监管资产超过 500 亿美元的银行，还监管所有具有系统重要性的证券、保险、金融控股公司，如果对冲基金和私募基金被认为规模过大或风险过大，将被置于美联储的监管之下。美联储有权对金融控股公司及其任何一个子公司（包括非存款类子公司）进行直接检查，有权直接从金融控股公司获取信息。对于在金融活动之外还从事非金融活动的公司，美联储可要求其成立中间持股公司，以更好地管理金融业务。强化美联储对系统重要性支付、清算、结算活动及系统重要性金融市场公用设施的监管，在必要时提供贴现窗口支持和优惠贷款。保留美联储对小银行的监管权。**二是**将场外衍生品、对冲基金、私募股权基金和信用评级机构纳入监管范围。场外衍生品接受商品期货委员会（CFTC）和证券交易委员会（SEC）监管。为提升透明度，降低交易对手风险，推动衍生品交易进行集中清算。要求对冲基金和私募基金投资顾问到SEC注册，并向SEC报告交易情况和资产组合等方面的信息。资产规模超过1.5亿美元的公司必须接受SEC监管和定期检查。保留SEC对信用评级公司的监管权，降低评级公司与被评级机构和承销商之间的利益关联度，评级质量长期低劣的机构将被吊销执照。**三是**在财政部下设联邦保险办公室，履行向FSOC提交需要施加严格监管的系统重要性保险公司名单等职责。

提高金融监管标准，降低金融机构“大而不能倒”风险。一是针对系统重要性机构，美联储负责制定更加严格的监管标准和要求。包括：资本、杠杆率、流动性，风险管理，清算方案等要求。若系统重要性机构严重威胁美国金融稳定，FSOC和美联储可要求该机构采取保持一个特定的股权负债比率或出售部分资产等措施。**二是**实施“沃尔克”规则。限制商业银行运用自有资金进行自营交易业务，将商业银行投资对冲基金和私募股权基金的规模限制在基金所有者权益和银行一级资本的3%以内，单个金融机构不得通过收购兼并使其负债规模超过金融体系负债总额的10%。**三是**控制资产证券化风险。对资产证券化实现风险共担，要求销售抵押贷款支持证券等产品的机构留存至少5%的信用风险。

完善公司治理和高管薪酬激励机制，加强金融机构自我约束。强化股东和董事会监督，授予上市公司股东对公司高管薪酬和“金色降落伞”离职制度无强制性约束力投票的权力，要求上市公司薪酬委员会必须由独立董事构成并有权聘请薪酬顾问。完善薪酬激励机制，建立高管薪酬“钩回”（claw-back）制度，要求金融机构高管退回违反会计准则和基于不实报表发放的薪酬。限制交叉任职，将存款类机构管理层之间的交叉任职限制扩展到受美联储监管的非银行金融机构。

建立全覆盖的有序风险处置和清算安排，突出联邦存款保险公司的作用。一是扩充联邦存款保险公司（FDIC）的监管权。FDIC对州一级资产规模小于500亿美元的银行、储贷机构及其控股公司进行监管；对系统重要性非银行金融机构及大型银行具有后备（backup）检查权，可实施特别检查，对存款类机构控股公司可采取强制性执行措施；将存款保险基金的最低目标储备率（DRR）由1.15%提高到1.35%，存款保险限额永久性提高到25万美元，并将其效用追溯至2008年1月1日，保费改为以总资产为基础征收。**二是**赋予FDIC有序清算职责，对濒临倒闭的金融机构是否具有系统重要性，一般由FDIC和美联储认定，但如果该金融机构属于证券业或保险业，则由美联储分别会同SEC或联邦保险办公室共同认定，并征求FDIC的意见。由财政部、美联储和FDIC三方决定对系统重要性机构启动有序清算程序。FDIC根据授权，对陷入困境的系统重要性机构进行接管和清算，视情况设立一至数家过桥机构对其业务、资产和负债进行承接。股东和无担保债权人将承担相应损失，而不使用纳税人资金为其提供救助。大型复杂金融机构必须定期拟定破产时快速有序处置的清盘计划，并提交美联储和 FDIC 批准。

成立金融消费者保护机构，加强金融消费者保护。在美联储内部设立相对独立的金融消费者保护局（CFPB），统一行使原分散在 7 家金融监管机构的消费者权益保护职责，具体包括：负责制定反不公平、欺诈和不法行为的规则；对向消费者提供信用卡、按揭贷款等金融产品和服务的银行或者非银行金融机构实施行为监管，并有权对存款类机构、投资顾问、大型金融服务提供者等实施检查。增加相应的编制和预算，预算资源由美联储提供。加强消费者金融教育，规范销售和放贷行为。提高投资门槛，确保对冲基金和私募基金只销售给对此类基金的投资风险具有识别和承受能力的投资者。设立住房抵押贷款全国性最低标准，要求银行审核借款人收入水平、信用历史和就业状况，确保借款人有能力偿还借款。

（二）英国金融监管改革的主要内容

2010 年 7 月，英国正式公布了金融监管改革方案《金融监管的新方法：判断、关注和稳定》（征求意见稿），对英格兰银行、财政部和金融服务局构成的三方金融监管体制进行了根本性改革，确立了英格兰银行全面负责宏观审慎管理和微观审慎监管的地位。

英格兰银行负责宏观审慎管理。在英格兰银行理事会下设立金融政策委员会（FPC），赋予强有力的宏观审慎管理手段，专门负责金融稳定。FPC 有 11 名成员，由英格兰银行行长担任主席，成员包括 5 名英格兰银行高级官员，新成立的消费者保护和市场管理局（CPMA）局长，以及由财政大臣提名的 4 名外部成员和 1 名财政部非投票代表。FPC 对英格兰银行理事会、财政部以及英国议会负责。

撤销金融服务局。将其监管职能转由新设立的、英格兰银行下属的审慎监管署（PRA）承担。PRA 将转换监管方法，从基于规则的方法转变为以风险判断为核心的方法。PRA 将金融机构具体监管信息反馈给 FPC，由后者进行相关宏观审慎分析。PRA 根据 FPC 宏观审慎管理的要求，对金融机构采取具体监管行动。宏观审慎管理与微观审慎管理职能集中于英格兰银行，旨在彻底消除职责不清和监管漏洞问题。

成立消费者保护和市场管理局。CPMA 专司金融消费者保护和金融机构商业行为监管，统一行使原属于金融服务局、金融督察局、消费者金融教育组织和金融服务补偿计划的消费者保护职能。监管对象包括所有从事零售和批发业务的金融机构，以及交易所等金融市场基础设施。监管目标是保护金融消费者和维护市场完整性。

（三）法国金融监管改革的主要内容

2010年1月，法国颁布法案，对金融监管体制进行重大改革，建立以中央银行为核心，包括审慎监管局、金融市场监管局在内的管理框架，以保证更全面地防范金融集团风险，实现处理宏观审慎事项的协调合作。

合并银行监管部门和保险监管部门，将银行业和保险业监管职能赋予新设立的审慎监管局。审慎监管局（ACP）作为负责维护金融稳定和保护消费者权益的机构，对银行业和保险业进行监管。银行业包括信贷机构、投资公司、支付机构和外币兑换公司；保险业包括保险公司、再保险公司、共同保险公司和公积金机构。ACP负责对银行业和保险业颁发执照并进行现场和非现场检查，检查银行业机构保持流动性的合规性，检查保险机构对被保险人的理赔情况，检查所有被监管机构对破产要求的遵守程度。ACP处理银行业机构平稳运行的检查和支付体系安全问题应当向中央银行征求意见和建议。ACP还可以扩大检查范围，成立制裁委员会，处理违法经营机构，向公众披露相关信息以及代表法国出席与金融监管相关的国际会议。

进一步明确审慎监管局、金融市场监管局与中央银行三方之间的密切联系和合作。一是确保ACP与中央银行的紧密联系。法案明确规定由法国中央银行副行长担任ACP委员会主席，并由中央银行对ACP提供资源、员工、信息、金融和经济分析等各方面的支持。同时规定，ACP没有独立的法人资格，由中央银行代表其签署所有法律文件并为其履行相关职能提供帮助。**二是**加强金融市场监管局（AMF）与ACP的合作。设立AMF，对金融市场的完整性、投资者保护和上市公司进行监管。AMF与ACP共同成立联合小组负责监管金融市场产品，确保监管措施的实施，联合建立信息平台，并共同对设立投资服务提供商进行审查。AMF主席是ACP委员会的成员，同样，ACP主席也是AMF委员会的成员。**三是**强化AMF、ACP与中央银行的协调运行。AMF、ACP同中央银行达成协议，共同利用中央银行的分支机构和全国服务网络对消费者保护进行检查。AMF可以委托或同中央银行、ACP一起对法国大型银行进行联合监管，开展现场和非现场检查。AMF、ACP与中央银行的主席都是法国金融监管与系统性风险委员会的成员，共同分享金融市场的专业技能和知识，预测与识别系统性风险。

（四）欧盟金融监管改革的主要内容

2010 年 9 月，欧洲议会通过了新的金融监管法案。根据这一法案，从 2011 年 1 月起，欧洲系统性风险委员会、欧洲银行业监管局、欧洲证券和市场监管局、欧洲保险和职业养老金监管局四家欧盟监管机构宣告成立并正式运转，从宏观和微观层面加强对金融体系的监管。

成立欧洲系统性风险委员会，负责宏观审慎管理。欧洲系统性风险委员会（ESRB）负责对欧盟金融体系进行宏观审慎管理，包括完善预警机制、识别系统性风险并对其进行分级、向相关机构提出警告或建议等。ESRB 由董事会、执行委员会和秘书处组成。董事会成员由各成员国央行行长、欧洲央行正副行长、一名欧盟委员会成员、各欧盟监管机构主席等组成。其他成员包括成员国监管机构代表、经济和金融委员会主席等。ESRB 进行系统性风险研究的宏观数据和信息主要来自欧洲中央银行，并通过秘书处获得欧洲银行业监管局、欧洲证券和市场监管局、欧洲保险和职业养老金监管局、各成员国央行和监管机构的信息。

分别成立行业监管局，负责微观审慎监管。新成立欧洲银行业监管局（EBA）、欧洲证券和市场监管局（ESMA）、欧洲保险和职业养老金监管局（EIOPA），在欧盟范围内制定统一的监管规则并保证其有效实施，危机情况下进行监管协调，研究对金融创新的监管。上述监管局可直接要求各成员国监管机构和金融机构等提供所需要的信息，并与 ESRB 建立定期和非定期的信息沟通机制。此外，设立欧盟监管机构联合会继承金融集团联合会的所有工作，协调 EBA、ESMA 和 EIOPA 的工作，解决跨业经营和金融集团问题。

二、对我国的启示

部分国家和地区的金融监管改革反映了全球金融监管改革的主流趋势，体现了国际社会对危机教训的反思和对金融监管弊端的纠正。虽然金融监管改革在很多方面仅仅是个开端，但对推进我国金融业改革发展和维护金融稳定都提供了诸多启示。

（一）借鉴国际经验，继续深化我国金融改革

部分国家和地区的金融监管改革存在许多有益经验值得借鉴，其中，加强宏观审慎管理，促进货币政策、金融稳定与金融监管的统一协调，建立有序风险处置和清算安排等措施，已成为国际上普遍接受的做法。但改革在一定程度

上也存在折衷和妥协，《多德—弗兰克法案》中限制美联储发放紧急贷款、实施“沃尔克”规则等规定，是针对美国金融体系特有问题开出的药方，在与美国经济金融体系差别较大的国家不宜直接照搬。与此同时，要准确认识改革意图，比如，《多德—弗兰克法案》的实施在短期内确实会造成金融机构利润下降，但从长期看，有利于限制金融机构从事高风险业务，抑制金融机构过度冒险冲动。因此，借鉴国际金融监管改革经验要从维护金融稳定的大局着眼，清醒认识，避免盲从。

对我国而言，在此次国际金融危机中，我国金融体系虽然受到了一定的冲击，但是总体上经受住了考验。这主要得益于经济快速发展的良好环境，得益于国有大型商业银行股份制改造等多项金融改革措施，也得益于金融法律制度逐步完善和监管水平不断提高。同时，我国金融业的发展尚处于初级阶段，在服务模式和产品创新方面相对滞后，客观上也避免了损失。但是，我国金融业正处在快速发展的过程中，现行的金融管理体制和改革后的金融机构并未经历一个完整经济周期的考验，发达经济体暴露的问题很可能会在未来遇到。当前，应扎实研究有关国家金融改革方案的成果，积极借鉴国际金融监管改革的有益经验，认真查找我国金融体系面临的风险和问题，进一步深化金融改革，为金融业长期稳定发展奠定坚实基础。

（二）构建逆周期的金融宏观审慎管理制度框架

国际金融危机的教训表明，不能只关注单个金融机构或单个行业的风险，而要从宏观和整体的角度出发防范系统性风险。部分国家和地区的监管改革法案正是以防范系统性风险为目标，通过建立和完善宏观审慎管理体制和机制，加强系统性风险管理，切实维护金融稳定。我国“十二五”规划明确提出“构建逆周期的金融宏观审慎管理制度框架”，这是在深刻分析国际金融危机教训、深入总结国内实践经验、准确把握金融管理制度改革方向基础上作出的重大部署。当前，我国要按照“十二五”规划的要求，抓紧建立和完善宏观审慎管理制度框架，研究制定政策措施，不断创新工具和手段，作为防范系统性风险的重要制度安排。

（三）强化中央银行的系统性风险管理职能

近年来，一些国家过分强调货币当局的独立性，剥离了中央银行的金融监管职能，一定程度上削弱了货币政策、金融稳定和金融监管之间的密切联系。而此次部分国家和地区的金融监管改革纠正了上述做法，重新强调了现代经济金融发展中货币政策、金融稳定和金融监管之间关系的深化和协调统一，突出了中央银行在防范和化解系统性风险中的职能和作用。当前，应紧密结合中国金融业发展的实际情况，正确处理金融稳定与货币政策和金融监管的关系，促进三者的协调发展，建立健全系统性风险防范预警和处置机制。中央银行要会同相关部门在全面提升金融统计水平的基础上，开发适合中国国情的系统性金融风险识别和预警体系，强化对宏观经济与金融体系联系、金融体系内部联系以及经济金融跨国关联性的监测分析。采取宏观审慎管理措施，消除金融体系内部脆弱性，防范宏观经济和资产价格等外部冲击。加强部门之间以及政策工具之间的协调配合，共同处置金融风险，形成合力。丰富中央银行最后贷款人职能，完善金融风险处置中的成本分担机制，保持中央银行资产负债表的健康性。

（四）加强对系统重要性金融机构的监管

强化系统重要性金融机构监管、防范“大而不能倒”道德风险是全球范围内金融监管改革的重点内容。我国的金融体系以间接融资为主，涉足金融衍生品等复杂交易较少，国际化程度不高，资产负债表相对简单，金融机构的资本充足、运行良好。但近年来，金融机构规模迅速扩大，金融体系内不同行业的关联性逐步提高，大型商业银行、保险公司以及组织复杂、业务多元的金融控股公司具有了系统重要性特征。当前，要以防范道德风险为核心，加强对系统重要性金融机构的监管，既防止金融机构规模过大，又防止其过度承担风险。要健全系统重要性金融机构的监管制度，提高监管标准，完善风险处置和清算安排，强化股东和债权人的风险承担责任。

（五）加快建立存款保险制度

在危机中，许多国家强化了存款保险制度，如美国 FDIC 将存款保险限额从 10 万美元提高到 25 万美元，欧洲、亚洲等国家也提高保险限额甚至实行临时全额保险，有效增强了存款人信心，维护了金融体系稳定。FDIC 通过实施早期纠正措施，采取“收购与承接、过桥银行、直接赔付”等多种处置方式有效化解了风险。《多德—弗兰克法案》授权 FDIC 作为银行、证券和保险业金融风险处置和清算平台，进一步发挥和完善存款保险制度在金融安全网中的作用。2009 年 6 月，巴塞尔银行监管委员会与国际存款保险协会联合发布《有效存款保险核心原则》，鼓励各国建立存款保险制度。目前，在我国缺乏存款保险制度的情况下，存在依赖政府和国家信用的道德风险。面对日益复杂的国际和国内金融形势，应尽快建立功能完善、权责统一、运行有效的存款保险制度，在保护存款人利益、维护公众信心和金融稳定、完善市场化的金融机构退出机制等方面发挥积极作用。

（六）加强金融消费者保护

国际金融危机的教训表明，消费者保护与金融监管职能集于一体，将导致监管目标冲突。我国要从体制机制上处理好行业发展、金融监管与消费者保护之间的关系，避免为促进行业发展而偏离对消费者的保护。在金融消费者保护的具体措施方面，金融机构要认真评估消费者风险偏好、风险认知和承受能力，努力做到“把合适的产品卖给合适的人”。强化金融产品信息披露和风险揭示，加强金融消费者风险教育。杜绝销售误导，公平保护金融消费者，避免金融机构滥用权利。

专题二

巴塞尔银行监管委员会监管改革综述

此次国际金融危机对全球金融体系造成严重冲击，暴露了全球金融体系的脆弱性。我国作为巴塞尔银行监管委员会（BCBS）的成员，积极参与研究巴塞尔Ⅲ的改革内容，推进国内银行业改革。

一、巴塞尔协议的演变

自1974年成立以来，BCBS致力于加强和改善银行风险管理，发布了一系列银行监管原则和指引，统称为巴塞尔协议。这些原则和指引既是一定时期内对国际银行业风险管理经验教训的总结，又代表着银行业监管的发展趋势，BCBS也由此成为国际银行业监管标准和准则的主要制定机构。

（一）巴塞尔Ⅰ确立了全球统一的银行业资本监管框架

20世纪80年代，拉丁美洲爆发债务危机，发达国家银行业损失惨重，一些国家银行业的低资本全球扩张影响了公平竞争环境。在此背景下，BCBS于1988年发布《统一资本计量和资本标准的国际协议》，俗称巴塞尔Ⅰ，目的是以明确的资本要求约束银行业务规模和风险水平，保障银行稳健经营。巴塞尔Ⅰ以银行资本充足率为中心，明确资本定义，将资本分为三个等级。一级资本主要包括普通股、公开储备、留存收益和高质量优先股；二级资本包括贷款损失一般准备、混合资本债[①]、长期次级债；三级资本包括原始期限不低于2年的短期次级债等。按交易对手风险状况，对银行表内外资产设置了不同的风险权重，计算出银行风险加权资产。据此，还设置资本充足率（资本/风险加权资产）的最低监管标准，即一级资本充足率不低于4%，总资本充足率不低于8%。这标志着以资本为核心的国际银行业监管框架正式确立。目前已有100多个国家以不同形式实施此框架。

（二）巴塞尔Ⅱ构建了以“三大支柱”为基础的监管框架

巴塞尔Ⅰ强调资本的重要性但风险覆盖不全面且风险资产分类过于宽泛，监管资本的风险敏感度不高，在金融市场创新的大环境下难以约束国际银行的监管套利。为此，BCBS对巴塞尔Ⅰ进行修订，于2004年发布了《统一资本计量和资本标准的国际协议：修订框架》，通常称之为新资本协议，俗称巴塞尔Ⅱ。

巴塞尔Ⅱ以风险管理和风险量化为核心，构建了以最低资本要求、监督检

① BCBS关于混合资本债务的要求包括发行并实缴、无担保、不可主动赎回等。

查、市场约束三大支柱为基础的新资本监管框架。第一支柱最低资本要求在计算信用风险加权资产时，引入内部评级法，改变了由监管部门确定风险权重的方法。在信用风险基础上增加了市场风险和操作风险的概念，并将资产证券化、交易账户风险等纳入资本监管框架，扩大了资本的风险覆盖范围；第二支柱监督检查指监管当局应检查、评估银行内部管理程序；第三支柱市场约束指银行应及时披露资本充足状况、风险评估和管理过程等信息。巴塞尔Ⅱ赋予了资本充足率更加丰富的风险管理内涵，总体有效性得到国际监管组织和各国监管当局的广泛认可，许多国家和地区正在推行巴塞尔Ⅱ。

（三）对表外业务和资产证券化业务的规范

此次国际金融危机爆发后，巴塞尔Ⅱ框架下对表外业务和证券化产品的资本要求不足问题充分暴露，为此 BCBS 于 2009 年着手对新资本协议框架进行修订。此轮修订大幅提高了资产证券化，特别是资产再证券化风险暴露的风险权重，强调全面风险管理的监管要求，严格对信用风险集中度、表外资产、声誉风险等方面的规范，并细化了资产证券化、交易账户业务和表外风险的信息披露要求，提出了对在险价值进行压力测试等方面内容。此外，BCBS 还发布了《压力测试实践和监管的稳健原则》，搭建了涵盖压力测试情景、方法及应用的监管框架，强调压力测试与全面风险管理体系结合的重要性。

（四）巴塞尔Ⅲ进一步强化资本和流动性监管要求

自危机爆发以来，改革现行的金融监管制度、增强金融体系稳健性成为国际社会的共识。在二十国集团（G20）推动的各项金融监管改革措施中，BCBS 负责修改和制定国际银行业监管标准和准则，并于 2010 年 12 月 16 日正式发布《增强银行业抗风险能力的全球监管框架》和《流动性风险计量、标准与监测的国际框架》，即“巴塞尔Ⅲ”。巴塞尔Ⅲ以资本和流动性监管改革为核心，旨在构建更加完善的银行业监管体系。

二、巴塞尔Ⅲ的主要内容

巴塞尔Ⅲ的改革内容较为严格且具有较强的操作性。除了更严格的微观审慎监管要求外，针对系统性金融风险管理不足的缺陷，还提出了加强宏观审慎管理的要求。巴塞尔Ⅲ的出台将大幅提高银行业的资本质量，改善银行业的流动性管理，提升整个银行业的抗风险能力，为全球宏观经济增长提供长期发展动力。

（一）严格资本要求

针对主要发达经济体银行资本质量普遍不高、损失吸收能力不足等问题，巴塞尔Ⅲ进一步严格资本定义，强调普通股和留存收益在资本中的主导地位，规范普通股资本、一级资本和二级资本的计入标准，并取消原用于抵偿市场风险的三级资本。同时明确了少数股东权益、商誉及其他无形资产、递延税资产、对未并表金融机构的重大投资等 8 个普通股一级资本的扣减项，以提高资本的损失吸收能力。

为扩大资本覆盖风险的范围、捕捉潜在表外业务的风险，巴塞尔Ⅲ大幅提高对交易对手信用风险的资本要求，指出银行应对信用估值调整引致的盯市损失计提资本。此外，BCBS 还配合国际支付结算体系委员会（CPSS）等组织起草中央交易对手的评价标准，并参照此标准区别设置银行对中央交易对手信用风险暴露的资本要求，提高了双边场外交易风险暴露的资本要求，以鼓励场外衍生品交易向中央交易对手集中。

同时，巴塞尔Ⅲ进一步提高了监管资本的最低要求，普通股一级资本充足率（普通股一级资本/风险加权资产）由原来的 2% 提高至 4.5%，一级资本充足率由 4% 提高至 6%，总资本充足率维持 8% 不变。在此基础上又提出了 2.5% 的资本留存缓冲要求，使得实际的总资本充足率要求达到 10.5%。

（二）建立国际统一的流动性监管框架

此次国际金融危机中，一些银行尽管资本充足，但在金融市场快速逆转时因流动性迅速枯竭而陷入危机。为强化流动性风险管理，巴塞尔Ⅲ建立了全球统一的流动性风险监测工具和两个定量监管指标，即流动性覆盖比率（LCR）和净稳定融资比率（NSFR），并加强流动性跨境监管合作和信息共享，以更好地识别流动性风险，增强银行体系应对全球流动性压力的能力。

流动性覆盖比率（高质量流动资产/未来 30 日的现金净流出量）反映了压力状态下银行短期流动性水平。其分子是变现能力较强的高质量流动性资产，包括现金、高质量债券等无变现障碍、优质的流动性资产储备；分母是银行负债方的净现金流出量和资产方的净现金流入量的差额。该指标值要求不小于 100%，以确保银行持有充足的高质量流动性应对短期流动性风险。

净稳定融资比率（可用稳定资金来源/业务所需的稳定资金需要）反映了银行长期流动性水平。其分子是银行负债和权益类业务所能提供的长期资金，分母是银行资产类业务所需要的长期资金。该指标要求大于 100%，以确保银行持有更稳定的资金来源，满足资产的流动性需要和表外承诺的或有流动性需要，增强资产负债期限结构配比的稳定性，提高银行长期抗风险能力。

除上述两个监管指标外，巴塞尔Ⅲ提供了多个流动性监测工具，其中合同期限错配用以显示银行在特定时间内需补充的流动性总量；融资集中度用于识别比较重要的交易对手和金融工具，以鼓励融资来源多元化；可用的无变现障碍资产指银行可在二级市场进行抵押融资或被央行接受作为贷款担保品、无变现障碍的资产。

（三）加强市场约束和公司治理

为缓解银行对外部信用评级的过度依赖，巴塞尔Ⅲ进一步强化了对银行使用外部信用评级机构的监管要求，将《国际证监会组织（IOSCO）信用评级机构行为准则》的相关规定纳入巴塞尔协议的资本框架中，缓解与风险缓释相关的“陡壁效应”①，限制银行随意更换外部信用评级机构或只采纳对自身有利的评级结果，在外部评级机构对证券化业务评估时要强化评估流程的信息披露。

BCBS发布的《加强银行业公司治理原则》对完善银行业公司治理提出原则性建议，包括：强调董事会对银行经营的全面责任和对银行高管的监督责任；董事会成员应具备独立、客观的判断能力和专业水平；母公司董事会对集团及单个子公司均要持续监控、管理；银行应具备权威、独立的风险控制部门；监管部门应对银行总体治理情况进行评估，并能采取有效措施解决银行公司治理中的重大缺陷。此外，BCBS强调银行应建立一套与其长期目标一致的薪酬制度，推动银行建立薪酬激励与风险约束的平衡机制，努力减少不恰当的薪酬机制带来的不合理的风险承担行为，提高公司治理中薪酬决策的独立性和专业性，强化董事会对薪酬制度设计和运行的监控职责。

（四）缓解银行体系顺周期性

银行体系存在的顺周期性在国际金融危机中起到了推波助澜的作用，为此，巴塞尔Ⅲ在资本要求、杠杆率监管和损失拨备制度等方面采取措施，抑制银行体系的顺周期性。

巴塞尔Ⅲ提出了国际统一的资本留存缓冲标准，在最低资本要求的基础上，普通股充足率要求增加2.5个百分点。当缓冲接近最低资本要求时，将限制银行的收益分配，促使银行通过内部积累提高资本实力。该标准鼓励银行进行超额资本留存，以备压力时期吸收非预期损失，提升经济衰退时期银行体系

① “陡壁效应”指担保机构信用评级恶化时，资本要求会骤然增加，产生顺周期效应。

的稳健性。

为防范经济扩张时期信贷激增可能导致的系统性风险，巴塞尔Ⅲ提出了逆周期资本缓冲方案，通过发挥资本对信贷增长的约束作用，平抑信贷周期。基本思路是在信贷激增可能产生重大风险时，要求银行根据信贷/国内生产总值超出其长期趋势值的程度测算提取资本缓冲，为普通股充足率增加0～2.5个百分点；在经济下行、信贷周期逆转时释放资本缓冲，确保银行有充足资本维持信贷资金的正常周转。

金融危机中，银行业被迫去杠杆化，放大了资产价值下滑的压力，进一步恶化了损失。为此，巴塞尔Ⅲ设立了3%的杠杆率监管标准（监管资本/银行总风险暴露），并作为资本充足率的补充，纳入第一支柱框架。该标准为银行体系杠杆化设定了底线，有助于限制银行表内外风险过度暴露，并缓解不稳定的去杠杆化对金融体系和实体经济带来的负面影响。

同时，BCBS正在研究改进监管指引，引导银行建立更具前瞻性的损失拨备制度，根据预期损失而非既有损失计提拨备。BCBS还协助国际会计准则委员会（IASB）修订会计标准，讨论建立基于预期的会计计算方法，降低现行国际会计标准的顺周期性。

（五）防范系统性风险和关联性风险

系统重要性银行在经济中扮演重要角色，由于存在较强的系统关联性，大型银行的经营困境会在整个金融体系和实体经济中传递负面冲击，影响整体经济稳定。同时“大而不能倒”的问题存在道德风险，因此需要加强监管防范风险。巴塞尔Ⅲ明确提出系统重要性银行除满足最低资本要求外，应具有更强的损失吸收能力，BCBS正在研究制定针对系统重要性银行的额外资本要求的规定。此外，BCBS还探索了一系列降低系统重要性银行风险和外部性的措施，包括额外流动性要求、限制大额风险暴露等。

在巴塞尔Ⅲ框架下，BCBS还在研究应急资本工具，旨在增强系统重要性银行的额外吸收损失能力。一是当一国当局判定银行难以持续经营或公共部门准备注资时，银行普通股之外的资本应具有冲销或转化为普通股的能力；二是确立银行持续经营条件下的应急资本机制，即对银行普通股之外的资本工具作出事先规定，在一定触发条件下（如资本充足率降低至一定水平），能够全部或部分转化为普通股，增强银行资本实力；三是提出自救（bail－in）债券的概念，当银行陷入经营困境时，此类债券按照事先约定条款削减债务或直接转化为普通股，以减少银行债务负担或增强资本实力，帮助银行恢复正常经营。

（六）建立跨境银行处置机制

吸取金融危机中银行处置的经验教训，BCBS发布《跨境银行处置工作组最终报告及建议》，进一步强化跨境银行处置机制，有效应对与此相关的系统性风险。具体包括：第一，强化国家对跨境银行的处置权和实施力度。有关当局应拥有对所有陷入困境的银行进行处置的适当手段和工具，以有序处置危机，维护金融稳定。第二，强调单个银行应制定应对危机的计划。系统重要性跨境银行和各国监管部门应制定应急预案，以应对严重的金融危机或金融不稳定状况。该方案应确保监管当局在危机时期获得足够信息，并有助于监管当局对不同处置方案进行评估。第三，强化风险化解机制，通过净价结算安排、抵押安排、有监管的中央交易对手制度等风险缓释机制降低风险蔓延的概率。

三、巴塞尔Ⅲ的启示

巴塞尔Ⅲ与巴塞尔Ⅰ、巴塞尔Ⅱ一脉相承。它的出台是在国际金融危机教训基础上，对风险监管理念的进一步深化。它丰富和发展了资本监管的内涵，坚持了资本数量和质量并重、资本充足和杠杆约束并行、微观审慎和宏观审慎兼顾的原则。密切跟踪巴塞尔监管改革进展，借鉴巴塞尔Ⅲ的改革经验，对促进我国银行业健康发展意义重大。

（一）加强宏观审慎管理是防范系统性金融风险的内在要求

国际金融危机的教训表明，个体金融机构的稳健并不代表整个金融体系的稳健。由于经济金融体系存在很强的顺周期性，在经济下行期时，危机有可能恶化。巴塞尔Ⅲ突破了此前只强调微观审慎监管的理念，提出了宏观审慎管理的相关内容，反映了国际社会对金融危机的集体反思，对有效防范系统性金融风险、增强金融体系的稳健性具有重要意义。

目前，我国银行业已取得长足发展，但仍面临着防范系统性风险的艰巨任务。一方面，国内信贷规模持续增长，流动性偏多问题突出，通货膨胀压力上升；另一方面，银行业金融机构跨行业、跨市场、跨境业务不断扩展，交叉性金融产品快速发展，现行分业监管模式面临挑战。针对上述情况，应充分借鉴巴塞尔Ⅲ有关宏观审慎管理的内容，从本国国情出发，完善我国的宏观审慎管理制度。在应对金融体系顺周期性方面，构建并完善逆周期的货币信贷动态调整机制，建立健全与贷款超常变化相联系的存款准备金动态调整制度，配合传统货币政策工具，进行适时、灵活的逆向调控。在防范金融机构关联性方面，强化对系统重要性银行的有效监管，设置更审慎的资本、流动性监管要求，督促银行加强公司治理和风险管理，降低风险集中度。同时，还应建立健全金融体系整体稳健性分析、监测、评估制度和前瞻性的风险预警体系，加强宏观审慎管理与微观审慎监管的有效协调。

（二）强化微观审慎监管是提升银行业稳健经营的基础

巴塞尔Ⅲ围绕银行业资本和流动性监管改革的目标，延续了巴塞尔协议以最低资本要求为监管核心的主张，严格了资本定义并扩大了资本覆盖风险的范围，提出了实施杠杆率监管，设定了流动性监管指标。这些措施对增强单个银行的经营稳健性、提升银行体系抗风险能力具有重要指导意义。

我国应积极借鉴和吸收巴塞尔Ⅲ中有关微观审慎监管的改革成果，针对商业银行重规模、轻管理现象和超常规布局扩张等问题，加强微观审慎监管，提升发展的内在动力，提高资本约束和流动性监管要求。同时，鼓励商业银行加快金融产品创新，大力拓展资本节约型的中间业务，力争实现规模、效益的协调可持续发展。

（三）有效实施巴塞尔Ⅲ需要统筹协调、整体推进

巴塞尔Ⅲ是一揽子计划，除强化银行业资本和流动性监管标准外，还涵盖了金融体系的诸多方面，包括：会计制度的完善、中央对手方交易制度等金融市场基础设施的建设、外部评级制度改革等。此外，还需考虑新监管规则对实体经济和金融体系的影响，采取多项措施进行多轮定量影响测算，对主要监管指标设置观察期和过渡期，并就巴塞尔Ⅲ对贸易融资、外部评级等领域的影响进行研究。为实现国际监管规则的协调性和统一性，BCBS 还需与 CPSS、IOSCO、IASB 协调配合。

巴塞尔Ⅲ在我国的落实也将是系统化工程，需要统筹兼顾、有序推进。要跟踪制度变革对宏观经济和金融体系的影响，加强配套制度建设，加快新型资本工具的试点推广，提高市场活跃度，拓宽银行资本补充渠道，规范发展信贷资产转让市场，加快推进资产证券化，进一步完善银行间市场清算所制度建设，鼓励场外交易向中央对手方集中，加强金融消费者保护，加快建立存款保险制度，改进市场退出机制和风险处置机制，进一步完善会计准则和外部评级制度。

附录一

银行业稳定状况定量分析：以17家主要商业银行为例

2010年，中国银行业继续保持稳健运行，资产规模、经营效益和风险管理水平持续提高，资本实力进一步增强，有力地支持了国民经济平稳较快发展。为分析银行业经营状况，及时了解行业风险，我们选取资产总额占银行业金融机构①资产总额64.84%的17家主要商业银行②，分别从盈利能力、资产、负债、资本以及流动性等方面进行量化分析。③

一、盈利能力分析

（一）资本利润率（ROE）分解分析

2010年，主要商业银行ROE为20.22%，比2009年上升近1.14个百分点。分解分析显示，这主要由于边际利润率上升较多（附表1-1）所致，而风险收益率和财务杠杆有所下降，业务风险水平略有提高，表明银行业的盈利能力进一步提高，稳健性持续增强，但业务风险水平有所上升。

附表1-1　17家主要商业银行ROE分解项目简表

	边际利润率（%）		风险收益率（%）		业务风险水平（%）		财务杠杆		ROE（%）	
	2009	2010	2009	2010	2009	2010	2009	2010	2009	2010
17家主要商业银行	28.13	30.28	6.97	6.87	54.33	54.68	17.92	17.77	19.08	20.22
5家大型商业银行	30.26	32.69	6.91	6.75	53.19	53.22	17.30	17.34	19.25	20.37
12家股份制商业银行	21.59	23.65	7.14	7.23	58.31	59.47	20.48	19.36	18.40	19.67

注：$ROE=\frac{\text{税后净利润}}{\text{营业收入}}\times\frac{\text{营业收入}}{\text{平均风险加权资产}}\times\frac{\text{平均风险加权资产}}{\text{平均总资产}}\times\frac{\text{平均总资产}}{\text{平均所有者权益}}$

$=\text{边际利润率}\times\text{风险收益率}\times\text{业务风险水平}\times\text{财务杠杆}$

对比显示，大型商业银行的ROE高于股份制商业银行。从ROE分解项目看，前者的边际利润率比后者高出近40%，而风险收益率、业务风险水平和财务杠杆较低。因此，股份制商业银行应进一步提高自身运营效率，降低财务

① 包括政策性银行、国有商业银行、股份制商业银行、城市商业银行、农村商业银行、农村合作银行、外资银行、城市信用社、农村信用社、非银行金融机构（信托投资公司、财务公司、金融租赁公司、汽车金融公司、货币经纪公司）、邮政储蓄银行。

② 包括5家大型商业银行（工商银行、农业银行、中国银行、建设银行、交通银行）和12家股份制商业银行（中信银行、光大银行、华夏银行、广东发展银行、深圳发展银行、招商银行、上海浦东发展银行、兴业银行、民生银行、恒丰银行、浙商银行、渤海银行）。

③ 数据来源：中国人民银行、中国银监会，口径为法人汇总数据。

风险。而大型商业银行应改善风险管理，提高经营的稳健性。

按照大型商业银行和股份制商业银行两个群组，附图1－1描述了17家商业银行2009年至2010年ROE各个分解项目的波动状况，图中纵轴是相应项目与2009年同期相比的变化幅度。分析显示，与2009年相比，2010年主要商业银行边际利润率增长较快，业务风险水平略有上升，风险收益率和财务杠杆有所下降。其中，大型商业银行的边际利润率增长较多，风险收益率略有下降；股份制商业银行的边际利润率持续快速增长，业务风险水平和风险收益率略有提高；财务杠杆下降较多。

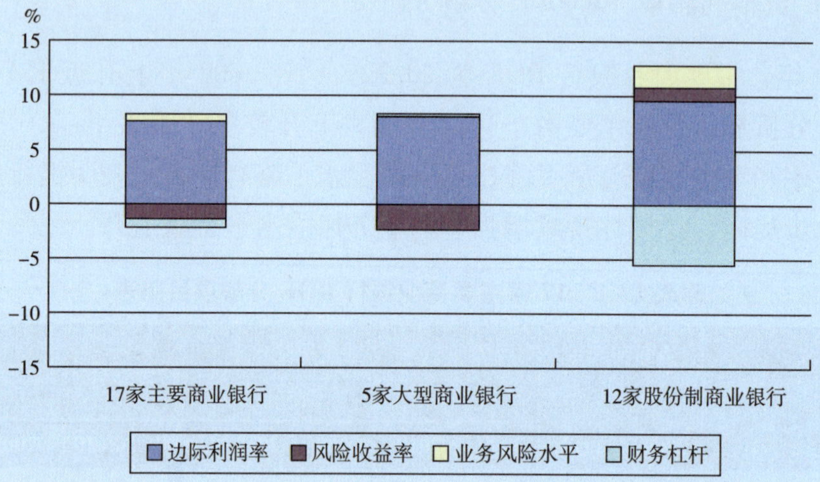

附图1－1　17家主要商业银行ROE分解项目波动情况

（二）收入结构分析

2010年，主要商业银行实现净营业收入16 964.54亿元，增长25.85%。其中，大型商业银行13 149.43亿元，增长23.41%；股份制商业银行3 815.11亿元，增长35.03%（附表1－2）。

2010年，主要商业银行净息差有所扩大，净利息收入增长38.49%，在净营业收入中占比59.05%，比上年上升5.38个百分点，净利息收入仍然是营业收入的主要来源，手续费净收入占比16.18%，比上年上升0.93个百分点，投资收益占比23.04%，比上年下降4.76个百分点；大型商业银行和股份制商业银行净利息收入分别增长35.31%和47.22%，净利息收入占比分别比上年上升4.82和6.12个百分点。

附表 1-2　17 家主要商业银行净营业收入构成

单位：亿元，%

项目		17 家主要商业银行		5 家大型商业银行		12 家股份制商业银行	
		2009	2010	2009	2010	2009	2010
余额	利息净收入	7 234.82	10 017.40	5 322.06	7 201.52	1 912.76	2 815.88
	手续费净收入	2 055.84	2 745.14	1 754.69	2 324.91	301.15	420.23
	投资收益	3 748.05	3 909.40	3 240.37	3 404.40	507.67	505.00
	其他业务收入	441.75	292.60	337.91	218.60	103.84	74.00
	净营业收入	13 480.45	16 964.54	10 655.03	13 149.43	2 825.42	3 815.11
占比	净利息收入	53.67	59.05	49.95	54.77	67.69	73.81
	手续费净收入	15.25	16.18	16.46	17.68	10.66	11.01
	投资收益	27.8	23.04	30.41	25.89	17.97	13.24
	其他业务收入	3.28	1.73	3.18	1.66	3.68	1.94
	净营业收入	100.00	100.00	100.00	100.00	100.00	100.00

2010 年，主要商业银行中间业务收入继续保持较快增长，其中，手续费净收入同比增长 33.53%，大型商业银行增长 32.5%，股份制商业银行增长 39.54%。主要商业银行手续费净收入占比 16.18%，提高 0.93 个百分点，其中，大型商业银行和股份制商业银行分别提高 1.22 和 0.35 个百分点，已连续四年上升，但股份制银行手续费净收入占比仍低于大型银行 6.67 个百分点，且差距持续扩大。

2010 年，银行间货币市场持续活跃，债券收益率曲线整体呈现平坦化上移趋势。商业银行境内外投资收益波动不大，主要商业银行投资收益同比增长 4.31%，其中，债券投资收益同比增长 7.57%，股权投资收益同比减少 16%。2010 年，大型商业银行投资收入增长 5.06%，股份制商业银行减少 0.53%；主要商业银行投资收益占比同比下降 4.76 个百分点，其中，大型商业银行下降 4.52 个百分点，股份制商业银行下降 4.73 个百分点。

（三）成本结构分析

2010 年，主要商业银行营业支出①为 6 893.09 亿元，增长 16.51%，其中，大型商业银行 5 204.76 亿元，增长 15.39%；股份制商业银行 1 688.34 亿元，增长 20.11%。

① 营业支出包含营业费用、营业税金及附加和其他营业支出三项。

2010年，主要商业银行的成本收入比[①]为34.66%，比上年下降3.08个百分点。其中，大型商业银行为33.84%，下降2.57个百分点；股份制商业银行37.51%，下降5.25个百分点。2010年，主要商业银行成本收入比比上年有所下降，成本管理效率进一步提高（附图1-2）。净营业收入增长幅度大于营业支出，其中，大型商业银行和股份制商业银行净营业收入增速比营业支出分别高出9.3和14.9个百分点，商业银行盈利能力显著增强（附图1-3）。

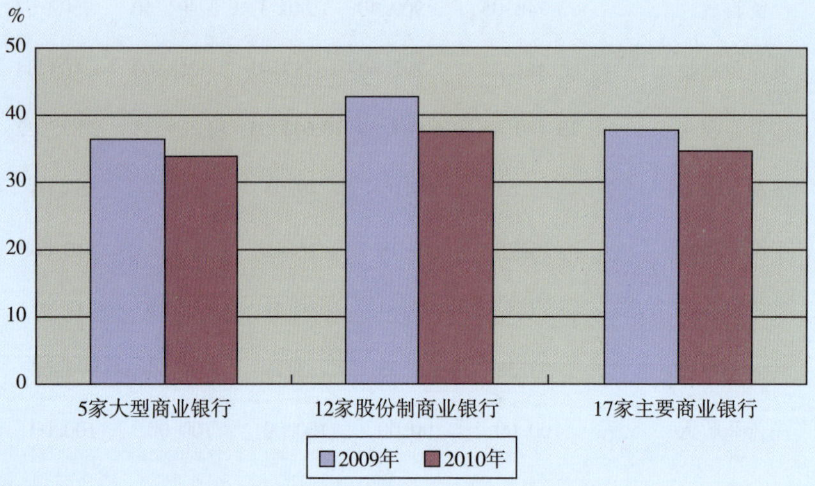

附图1-2　17家主要商业银行成本收入比

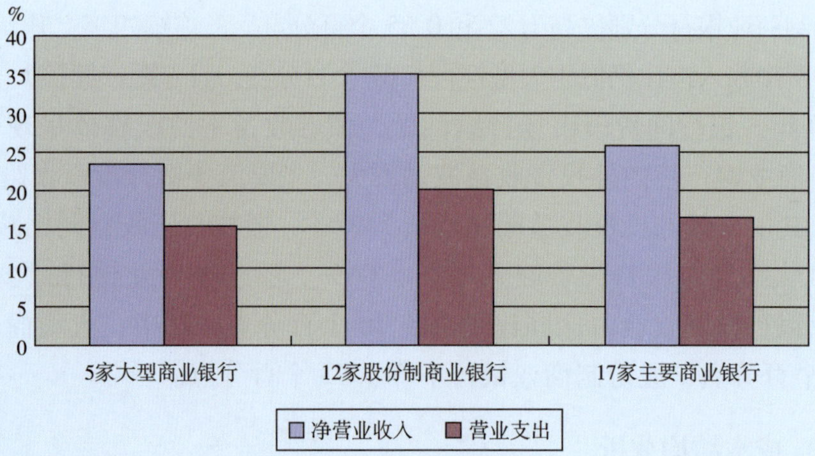

附图1-3　17家主要商业银行净营业收入、营业支出增速

① 成本收入比=（营业支出-营业税金及附加）/（利息净收入+手续费净收入+其他业务收入+投资收益）×100%。

二、资产分析

（一）总资产规模与结构

2010年，商业银行资产规模稳步增长，17家主要商业银行资产总额61.8万亿元，增长17.45%，占银行业金融机构资产总额的64.84%。其中，大型商业银行资产总额46.89万亿元，增长14.93%；股份制商业银行14.9万亿元，增长26.06%。

从资产构成上看，贷款和投资仍然是资产的主要组成部分，占了7成以上。2010年，主要商业银行存放中央银行款项占总资产的比重同比上升1.26个百分点；贷款在总资产中占比持续上升，同比增加1.62个百分点；贸易融资占比提高0.74个百分点；存放同业占比下降0.16个百分点；买入返售资产占比下降0.27个百分点；投资占比下降2.13个百分点，已连续3年下降（附表1-3）。

附表1-3　17家主要商业银行资产构成

单位：亿元，%

项　目	金　额		比　率	
	2009	2010	2009	2010
存放中央银行款项	72 946.91	93 423.88	13.86	15.12
存放同业款项	9 376.38	15 819.61	1.78	2.56
贷款	246 998.56	300 073.85	46.94	48.56
贴现	16 647.5	7 686.39	3.16	1.24
贸易融资	9 849.38	16 149.52	1.87	2.61
拆放同业	7 245.52	7 547.67	1.38	1.22
投资	127 942.33	137 159.99	24.32	22.19
买入返售资产	28 330.51	31 572.83	5.38	5.11
其他	6 841.87	8 546.91	1.30	1.38
总资产	526 178.96	617 980.65	100.0	100.00

（二）贷款规模与质量

截至2010年年末，主要商业银行各项贷款余额32.39万亿元，同比增加5.04万亿元，增长18.43%。其中，大型商业银行各项贷款余额24.3万亿元，增长17.68%；股份制商业银行各项贷款余额8.09万亿元，增长20.57%。

截至2010年年末，主要商业银行的不良贷款余额3 690.96亿元，同比减少667亿元；不良贷款率1.14%，下降0.45个百分点。其中，大型银行不良贷款率1.29%，下降0.51个百分点；股份制商业银行不良贷款率0.7%，下降0.25个百分点（附图1-4）。

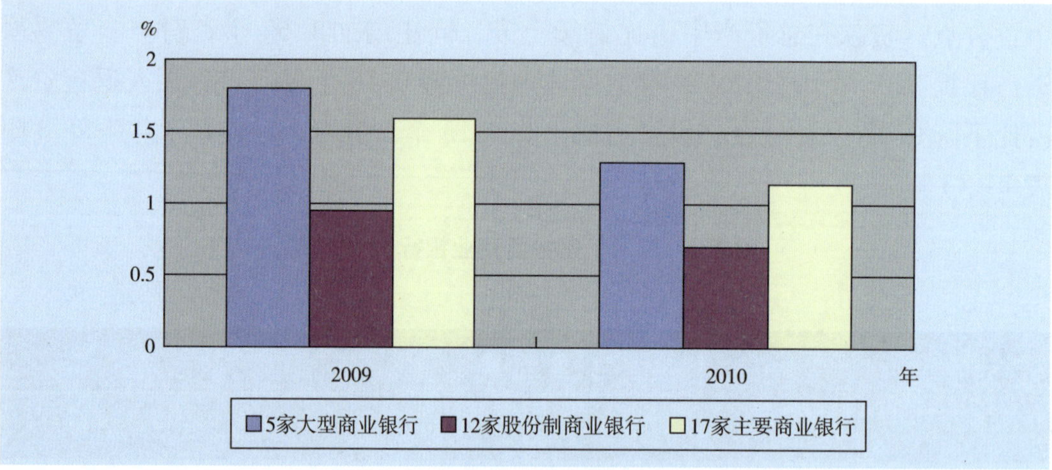

附图1-4　17家主要商业银行不良贷款率

（三）拨备覆盖率①

2010年，主要商业银行拨备覆盖率继续高位提升。年末，主要商业银行的整体拨备覆盖率为217.66%，同比提高64.41个百分点。其中，大型商业银行206.81%，提高61.92个百分点；股份制商业银行277.6%，提高75.6个百分点（附图1-5）。

① 拨备覆盖率 = 贷款损失准备/不良贷款余额×100%。

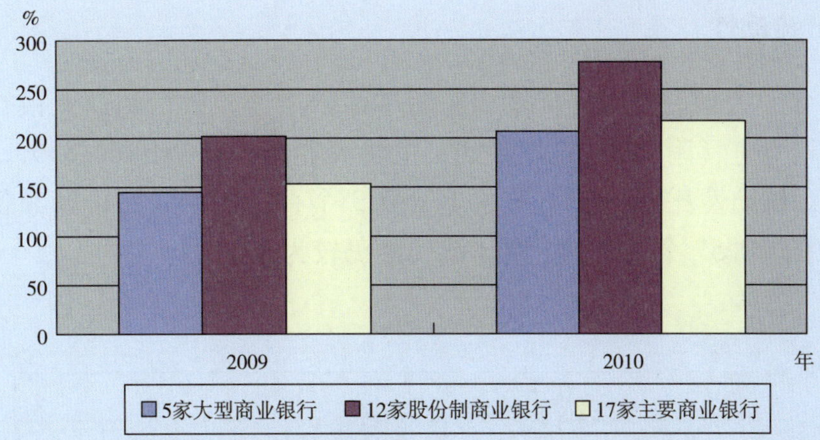

附图 1-5　17 家主要商业银行贷款拨备覆盖率

三、负债、资本与流动性

（一）负债规模与结构

截至 2010 年年末，17 家主要商业银行负债总额 58.12 万亿元，同比增长 16.57%，占银行业金融机构负债总额的 64.96%。其中，大型商业银行占比 49.21%，同比下降 2.21 个百分点；股份制商业银行占比 15.74%，上升 0.75 个百分点。

截至 2010 年年末，主要商业银行存款余额 49.96 万亿元，同比增长 17.61%。其中，单位存款增长 19.06 %，增速下降 14.47 个百分点；储蓄存款增长 13.52%，增速下降 6.64 个百分点。随着稳健货币政策的实施，存贷款增速从上年高位逐步回落，存款增速有所放缓，但企业资金面整体较为充足。主要商业银行单位存款和储蓄存款占负债总额 80%，同比下降 1.22 个百分点。

（二）资本与资本充足率

2010 年年末，17 家主要商业银行全部达到银监会资本充足率监管要求。主要商业银行整体核心资本充足率 9.62%，资本充足率 11.8 %，同比分别上升 0.91 和 0.8 个百分点。2010 年随着银行上市融资和发行债券规模不断增大，主要商业银行的资本净额大幅增加，截至 2010 年年末，主要商业银行的资本净额 4.08 万亿元，同比增加 0.94 万亿元，增长 30%。

（三）流动性

2010年，大型商业银行贷款增速超过存款增速，股份制商业银行存款增速超过贷款增速（附图1-6）。年底，主要商业银行存贷比64.83%，与上年基本持平；流动性比率[①]为41 %，上升0.3个百分点，人民币超额备付金率2.56%，下降0.57个百分点，整体流动性仍较为充足。

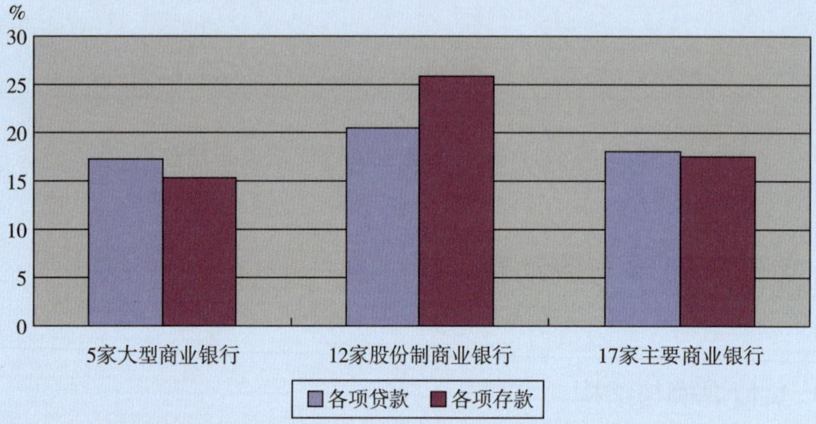

附图1-6　2010年17家主要商业银行存贷款增速

① 流动性比率=流动性资产/流动性负债×100%。

附录二

统计资料

附表 2-1 主要宏观经济指标

（年末余额）

项　目	2006	2007	2008	2009	2010
国内生产总值（亿元）	211 923	249 530	300 670	335 353	397 983
工业增加值	90 351.0	107 367.0	129 112.0	134 625.0	160 030.0
固定资产投资总额（亿元）	109 998.2	137 239.0	172 291.0	224 846.0	278 140.0
社会消费品零售总额（亿元）	76 410.0	89 210.0	108 488.0	125 343.0	156 998.0
城市（城镇）	51 542.6	60 411.0	73 735.0	85 133.0	136 123.0
县及县以下（乡村）	24 867.4	28 799.0	34 753.0	40 210.0	20 875.0
进出口总额（亿美元）	17 604.0	21 738.0	25 616.0	22 072.0	29 728.0
出口	9 689.4	12 180.0	14 285.0	12 017.0	15 779.0
进口	7 914.6	9 558.0	11 331.0	10 056.0	13 948.0
差额	1 774.8	2 622.0	2 955.0	1 961.0	1 831.0
实际使用外商直接投资（亿美元）	694.7	748.0	924.0	900.0	1 057.0
外汇储备（亿美元）	10 663.4	15 282.5	19 460.3	23 991.5	28 473.4
居民消费价格指数（上年=100）	101.5	104.8	105.9	99.3	103.3
财政收入（亿元）	38 760.2	51 304.0	61 316.9	68 476.9	83 080.3
财政支出（亿元）	40 422.7	49 565.4	62 427.0	75 873.6	89 575.4
赤字或盈余（亿元）	-2 162.5	1 738.6	-1 110.1	-7 396.7	-6 495.1
城镇居民人均可支配收入（元）	11 759.0	13 786.0	15 781.0	17 175.0	19 109.0
农村居民人均纯收入（元）	3 587.0	4 140.0	4 761.0	5 153.0	5 919.0
城镇地区从业人员（百万）	283.10	293.50	302.10	311.20	—
城镇登记失业率（%）	4.1	4.0	4.2	4.3	4.1
总人口（百万）	1 314.48	1 321.29	1 328.02	1 334.74	1 339.72

注：自2010年起，社会消费品零售总额统计采用新的分组，即将经营单位所在地分组由“市”、“县”、“县以下”改为“城镇”、“乡村”。

数据来源：根据《中国统计年鉴》和《中国国民经济和社会发展统计公报》等相关资料整理。

2010年数据来源为《中华人民共和国2010年国民经济和社会发展统计公报》、《关于2010年中央和地方预算执行报告与2011年中央和地方预算草案的报告》和第六次全国人口普查公报。

附表 2-2 主要金融指标（一）

（年末余额）

单位：亿元

项　　目	2006	2007	2008	2009	2010
M_2	345 603.6	403 442.2	475 166.6	606 225.0	725 851.8
M_1	126 035.1	152 560.1	166 217.1	220 001.5	266 621.5
M_0	27 072.6	30 375.2	34 219.0	38 246.0	44 628.2
金融机构各项存款	335 459.8	389 371.2	466 203.3	597 741.1	718 237.9
城乡居民储蓄	161 587.3	172 534.2	217 885.4	260 771.7	303 302.5
企业存款	113 239.0	138 673.7	157 632.2	217 110.0	244 495.6
金融机构各项贷款	225 347.2	261 690.9	303 394.6	399 684.8	479 195.6

数据来源：中国人民银行。

附表 2-3 主要金融指标（二）

（增长率）

单位：%

项　　目	2006	2007	2008	2009	2010
M_2	16.95	16.74	17.82	27.68	19.73
M_1	17.49	21.05	9.06	32.35	21.19
M_0	12.65	12.20	12.65	11.77	16.69
金融机构各项存款	16.83	16.07	19.73	28.21	20.16
城乡居民储蓄	14.56	6.77	26.29	19.68	16.31
企业存款	17.78	22.46	13.67	37.73	12.61
金融机构各项贷款	15.10	16.10	18.73	31.74	19.89

注：由于统计制度的调整，本表增长率是经过调整的可比口径的同期比。

数据来源：中国人民银行。

附表 2-4 国际流动性

单位：百万美元

项　　目	2006	2007	2008	2009	2010
总储备（减黄金）	1 068 538	1 530 279.2	1 949 260	2 414 131	2 862 276
特别提款权	1 113	1 191	1 199	12 510	12 345
在基金储备头寸	1 081	839	2 031	2 469	2 593
外汇	1 066 344	1 528 249	1 946 030	2 399 152	2 847 338
黄金（百万盎司）	19.29	19.29	19.29	33.89	33.89
黄金（折价）	4 074	4 074	4 074	9 815	9 815
其他存款性公司国外负债	531 724	82 676	75 255	88 146	108 406

注：因统计口径变化，本表对2009年“其他存款性公司国外负债”数据进行了调整。

数据来源：中国人民银行。

附表 2-5 黄金、外汇储备

年 份	黄金储备（万盎司）	外汇储备（亿美元）	外汇储备比上年增长（%）
1995	1 267	736.0	42.6
1996	1 267	1 050.3	42.7
1997	1 267	1 398.9	33.2
1998	1 267	1 449.6	3.6
1999	1 267	1 546.8	6.7
2000	1 267	1 655.7	7.0
2001	1 608	2 121.7	28.1
2002	1 929	2 864.1	35.0
2003	1 929	4 032.5	40.8
2004	1 929	6 099.3	51.3
2005	1 929	8 188.7	34.3
2006	1 929	10 663.4	30.2
2007	1 929	15 282.5	43.3
2008	1 929	19 460.3	27.3
2009	3 389	23 991.5	23.3
2010	3 389	28 473.4	18.7

注：中国人民银行于 2001 年 12 月、2002 年 12 月和 2009 年 4 月对黄金储备数据进行了调整。

数据来源：中国人民银行。

附表 2-6 金融业资产简表

（本外币）

（2010 年 12 月 31 日） 单位：万亿元

项 目	资 产
金融业	128.25
中央银行	25.93
银行业金融机构	95.30
证券业金融机构	1.97
保险业金融机构	5.05

注：证券业金融机构仅含证券公司。

数据来源：中国人民银行金融稳定分析小组估算。

附表2－7　2010年存款性公司概览

（季末余额）

单位：亿元

项　　目	第一季度	第二季度	第三季度	第四季度
国外净资产	202 280.0	207 272.6	215 974.1	226 045.0
国内信贷	521 017.5	540 682.5	559 825.4	587 324.0
对政府债权（净）	29 318.3	23 749.3	24 892.0	34 604.3
对非金融部门债权	463 375.4	485 821.5	504 410.5	521 658.5
对其他金融部门债权	28 323.9	31 111.7	30 522.9	31 061.3
货币和准货币	649 947.5	673 921.7	696 471.5	725 851.8
货币	229 397.9	240 580.0	243 821.9	266 621.5
流通中现金	39 080.6	38 904.9	41 854.4	44 628.2
活期存款	190 317.4	201 675.2	201 967.5	221 993.4
准货币	420 549.5	433 341.7	452 649.6	459 230.3
定期存款	122 943.7	131 674.0	142 865.5	143 232.1
储蓄存款	280 350.3	287 474.1	299 136.4	303 093.0
其他存款	17 255.5	14 193.7	10 647.8	12 905.2
不纳入广义货币的存款	12 389.6	12 721.9	13 641.3	13 566.1
债券	53 417.6	55 230.3	58 304.8	59 105.2
实收资本	23 524.9	24 061.7	25 393.6	26 726.5
其他（净）	－15 982.0	－17 980.6	－18 011.7	－11 880.7

注：1. 自2006年起，中国人民银行开始编制《存款性公司概览》。《存款性公司概览》同原《银行概览》相比，不包含信托投资公司和金融租赁公司。

2. 此表中“其他存款”项目自2006年起不含非金融公司保证金存款，因此与《货币供应量》中“其他存款”口径不一致。

数据来源：中国人民银行。

附表 2-8　2010 年货币当局资产负债表

（季末余额）

单位：亿元

项　　目	第一季度	第二季度	第三季度	第四季度
国外资产	192 119.0	198 356.3	204 810.6	215 419.6
外汇	182 310.8	188 704.0	195 222.5	206 766.7
货币黄金	669.8	669.8	669.8	669.8
其他国外资产	9 138.3	8 982.5	8 918.3	7 983.1
对政府债权	15 625.9	15 621.2	15 551.9	15 421.1
其中：中央政府	15 625.9	15 621.2	15 551.9	15 421.1
对其他存款性公司债权	8 618.2	8 966.5	9 136.4	9 485.7
对其他金融性公司债权	11 514.6	11 498.5	11 465.8	11 325.8
对非金融部门债权	44.0	44.0	44.0	25.0
其他资产	8 169.1	8 445.5	7 675.3	7 597.7
总资产	**236 090.7**	**242 932.0**	**248 683.9**	**259 274.9**
储备货币	150 032.8	154 234.5	161 320.3	185 311.1
货币发行	42 836.1	42 566.9	46 219.8	48 646.0
金融性公司存款	107 196.8	111 667.6	115 100.5	136 665.1
其他存款性公司	107 057.7	111 506.4	114 945.7	136 480.9
其他金融性公司	139.1	161.2	154.8	184.2
非金融性公司存款	—	—	—	—
活期存款	—	—	—	—
不计入储备货币的金融性公司存款	649.6	612.4	639.6	657.2
发行债券	43 442.3	46 975.2	44 005.2	40 497.2
国外负债	746.7	719.1	715.7	720.1
政府存款	23 251.0	31 023.0	32 458.8	24 277.3
自有资金	219.8	219.8	219.8	219.8
其他负债	17 748.5	9 148.1	9 324.5	7 592.2
总负债	**236 090.7**	**242 932.0**	**248 683.9**	**259 274.9**

注：自 2008 年起，本表增设“不计入储备货币的金融性公司存款”，删除“非金融性公司存款”和“活期存款”项目。

数据来源：中国人民银行。

附表2－9　2010年其他存款性公司资产负债表

（季末余额）

单位：亿元

项　目	第一季度	第二季度	第三季度	第四季度
国外资产	16 958.0	16 310.3	18 575.3	18 524.8
储备资产	109 344.9	114 018.8	117 271.5	136 835.0
准备金存款	105 589.4	110 356.7	112 906.1	132 817.1
库存现金	3 755.5	3 662.1	4 365.4	4 017.9
对政府债权	36 943.4	39 151.1	41 798.9	43 460.5
其中：中央政府	36 943.4	39 151.1	41 798.9	43 460.5
对中央银行债权	52 990.7	47 761.7	45 570.8	40 274.2
对其他存款性公司债权	119 775.9	122 930.0	132 375.6	134 452.8
对其他金融性公司债权	16 809.3	19 613.2	19 057.1	19 735.5
对非金融性公司债权	370 545.6	384 817.3	397 254.5	409 539.1
对其他居民部门债权	92 785.8	100 960.2	107 112.1	112 094.4
其他资产	51 415.9	50 855.6	53 942.4	46 692.4
总资产	**867 569.5**	**896 418.2**	**932 958.1**	**961 608.6**
对非金融机构及住户负债	608 534.8	636 131.7	660 345.9	684 857.8
纳入广义货币的存款	593 611.4	620 823.2	643 969.3	668 318.5
企业活期存款	190 317.4	201 675.2	201 967.5	221 993.4
企业定期存款	122 943.7	131 674.0	142 865.5	143 232.1
居民储蓄存款	280 350.3	287 474.1	299 136.4	303 093.0
不纳入广义货币的存款	12 389.6	12 721.9	13 641.3	13 566.1
可转让存款	5 371.7	5 509.8	5 493.7	6 081.9
其他存款	7 017.9	7 212.1	8 147.7	7 484.2
其他负债	2 533.9	2 586.5	2 735.2	2 973.2
对中央银行负债	5 569.6	5 215.4	5 328.5	5 629.0
对其他存款性公司负债	52 270.0	51 927.4	55 221.1	55 748.4
对其他金融性公司负债	44 984.1	43 373.1	40 139.8	44 255.2
其中：计入广义货币的存款	17 255.5	14 193.7	10 647.8	12 905.2
国外负债	6 050.2	6 675.0	6 696.0	7 179.4
债券发行	53 417.6	55 230.3	58 304.8	59 105.2
实收资本	23 305.2	23 842.0	25 173.8	26 506.8
其他负债	73 438.0	74 023.4	81 748.2	78 326.9
总负债	**867 569.5**	**896 418.2**	**932 958.1**	**961 608.6**

数据来源：中国人民银行。

附表 2-10 2010 年中资大型银行资产负债表

（季末余额）

单位：亿元

项目	第一季度	第二季度	第三季度	第四季度
国外资产	12 787.89	12 307.15	14 366.21	14 033.96
储备资产	70 747.89	72 707.20	75 199.09	82 875.61
准备金存款	68 655.47	70 710.92	72 723.53	80 573.48
库存现金	2 092.42	1 996.28	2 475.56	2 302.12
对政府债权	25 018.31	26 379.19	28 154.28	29 350.00
其中：中央政府	25 018.31	26 379.19	28 154.28	29 350.00
对中央银行债权	48 580.77	43 469.42	41 438.10	36 484.06
对其他存款性公司债权	59 848.63	59 333.79	63 047.25	62 085.65
对其他金融性公司债权	11 484.97	12 697.02	11 878.57	12 056.74
对非金融性公司债权	217 133.58	223 910.50	230 665.53	236 938.25
对其他居民部门债权	49 753.73	54 177.36	57 538.19	60 572.72
其他资产	36 074.07	34 527.37	38 313.67	31 055.00
总资产	**531 429.84**	**539 509.00**	**560 600.90**	**565 451.99**
对非金融机构及住户负债	379 411.73	389 902.02	402 775.08	409 775.68
纳入广义货币的存款	369 316.54	379 653.83	392 069.96	399 275.42
企业活期存款	112 972.86	117 787.93	117 644.72	125 919.75
企业定期存款	61 699.50	64 084.03	68 454.54	66 650.50
居民储蓄存款	194 644.18	197 781.88	205 970.69	206 705.16
不纳入广义货币的存款	7 993.68	8 189.43	8 558.92	8 180.90
可转让存款	3 221.77	3 246.54	3 014.89	3 306.31
其他存款	4 771.90	4 942.89	5 544.03	4 874.58
其他负债	2 101.52	2 058.76	2 146.20	2 319.37
对中央银行负债	1 206.18	625.88	660.88	898.10
对其他存款性公司负债	19 190.42	19 273.88	20 155.93	19 677.92
对其他金融性公司负债	30 441.77	28 234.11	25 620.64	27 722.69
其中：计入广义货币的存款	12 221.35	9 866.25	7 595.82	8 774.55
国外负债	2 228.50	2 553.23	2 437.33	2 557.88
债券发行	37 204.36	38 313.53	40 874.77	41 058.61
实收资本	14 196.13	14 326.77	15 190.12	15 849.59
其他负债	47 550.73	46 279.59	52 886.14	47 911.51
总负债	**531 429.84**	**539 509.00**	**560 600.90**	**565 451.99**

数据来源：中国人民银行。

附表2-11 2010年中资中型银行资产负债表

（季末余额）

单位：亿元

项 目	第一季度	第二季度	第三季度	第四季度
国外资产	2 652.91	2 745.06	2 799.86	3 002.18
储备资产	17 000.82	18 391.56	18 391.31	22 243.69
准备金存款	16 687.38	18 067.89	18 017.18	21 871.47
库存现金	313.44	323.67	374.12	372.22
对政府债权	5 592.09	6 287.05	6 568.44	6 888.04
其中：中央政府	5 592.09	6 287.05	6 568.44	6 888.04
对中央银行债权	3 372.76	3 103.18	2 887.10	2 562.48
对其他存款性公司债权	29 119.17	29 877.28	32 393.38	30 820.03
对其他金融性公司债权	2 573.60	3 924.27	3 686.60	3 931.70
对非金融性公司债权	82 792.97	86 425.24	89 536.81	93 795.25
对其他居民部门债权	15 775.13	17 334.18	18 515.54	19 963.28
其他资产	6 090.58	6 665.08	5 141.31	4 654.02
总资产	**164 970.02**	**174 752.91**	**179 920.34**	**187 860.66**
对非金融机构及住户负债	96 455.68	105 559.82	109 470.96	115 141.33
纳入广义货币的存款	93 894.01	102 873.13	106 466.36	112 158.22
企业活期存款	38 076.94	41 579.26	40 148.41	45 372.86
企业定期存款	36 757.87	40 268.44	43 701.90	43 772.83
居民储蓄存款	19 059.20	21 025.43	22 616.05	23 012.53
不纳入广义货币的存款	2 246.75	2 317.64	2 600.07	2 582.98
可转让存款	953.28	1 000.52	1 056.24	1 161.61
其他存款	1 293.47	1 317.12	1 543.83	1 421.37
其他负债	314.92	369.05	404.54	400.13
对中央银行负债	3 662.09	3 680.01	3 708.72	3 727.42
对其他存款性公司负债	20 239.77	18 740.66	19 872.04	19 590.93
对其他金融性公司负债	12 531.58	12 918.89	12 637.29	14 221.19
其中：计入广义货币的存款	4 919.62	4 240.42	2 997.35	4 027.38
国外负债	928.74	1 079.29	1 097.95	1 218.59
债券发行	15 448.10	16 135.17	16 638.67	17 247.21
实收资本	1 926.02	1 993.11	2 132.42	2 160.92
其他负债	13 778.04	14 645.95	14 362.29	14 553.07
总负债	**164 970.02**	**174 752.91**	**179 920.34**	**187 860.66**

数据来源：中国人民银行。

附表 2－12　2010 年中资小型银行资产负债表

（季末余额）

单位：亿元

项　目	第一季度	第二季度	第三季度	第四季度
国外资产	92.29	104.87	104.40	134.57
储备资产	11 773.19	12 924.90	13 442.89	17 920.42
准备金存款	11 278.90	12 424.21	12 834.27	17 287.35
库存现金	494.29	500.70	608.62	633.06
对政府债权	4 457.68	4 489.67	4 983.06	5 267.40
其中：中央政府	4 457.68	4 489.67	4 983.06	5 267.40
对中央银行债权	921.35	1 059.26	1 054.63	1 094.95
对其他存款性公司债权	15 185.50	17 825.18	19 727.46	24 197.48
对其他金融性公司债权	1 613.13	1 800.80	2 197.25	2 048.11
对非金融性公司债权	39 837.06	42 553.33	44 521.13	45 570.74
对其他居民部门债权	9 435.71	10 612.37	11 641.32	12 465.35
其他资产	4 032.95	4 276.18	4 796.67	4 719.48
总资产	**87 348.86**	**95 646.57**	**102 468.80**	**113 418.50**
对非金融机构及住户负债	68 644.71	74 690.94	79 363.08	87 198.85
纳入广义货币的存款	68 382.23	74 344.34	78 927.84	86 639.78
企业活期存款	24 153.34	26 584.62	27 564.72	31 951.51
企业定期存款	14 952.09	16 701.06	18 877.21	20 345.26
居民储蓄存款	29 276.81	31 058.66	32 485.91	34 343.02
不纳入广义货币的存款	178.27	228.82	295.52	369.10
可转让存款	104.54	138.08	195.31	273.54
其他存款	73.73	90.74	100.21	95.56
其他负债	84.21	117.79	139.72	189.96
对中央银行负债	120.63	169.73	186.34	215.49
对其他存款性公司负债	8 452.41	9 579.43	10 854.50	12 398.41
对其他金融性公司负债	894.78	1 206.08	1 019.94	1 508.71
其中：计入广义货币的存款	110.91	83.67	53.67	102.10
国外负债	16.76	23.14	27.42	36.71
债券发行	390.77	408.10	417.07	477.92
实收资本	2 851.65	3 093.58	3 282.49	3 627.13
其他负债	5 977.14	6 475.56	7 317.97	7 955.29
总负债	**87 348.86**	**95 646.57**	**102 468.80**	**113 418.50**

数据来源：中国人民银行。

附表 2-13 2010 年外资银行资产负债表
（季末余额）

单位：亿元

项　　目	第一季度	第二季度	第三季度	第四季度
国外资产	1 246.53	1 109.53	1 253.90	1 280.40
储备资产	1 324.19	1 421.09	1 570.46	2 023.68
准备金存款	1 315.90	1 413.35	1 560.90	2 014.56
库存现金	8.29	7.74	9.55	9.12
对政府债权	987.71	1 074.68	1 106.28	1 004.47
其中：中央政府	987.71	1 074.68	1 106.28	1 004.47
对中央银行债权	0.00	0.00	0.00	0.00
对其他存款性公司债权	2 624.39	2 841.09	2 908.98	3 630.10
对其他金融性公司债权	101.76	140.52	189.60	244.95
对非金融性公司债权	7 112.40	7 494.01	7 818.87	8 236.27
对其他居民部门债权	296.43	344.33	366.48	408.97
其他资产	1 539.50	1 718.19	1 897.60	2 187.31
总资产	**15 232.92**	**16 143.44**	**17 112.18**	**19 016.15**
对非金融机构及住户负债	6 689.25	7 300.62	8 125.14	9 677.71
纳入广义货币的存款	5 198.91	5 777.51	6 483.11	7 808.77
企业活期存款	1 672.93	1 836.25	1 749.82	2 272.77
企业定期存款	3 087.42	3 468.01	4 215.86	4 962.52
居民储蓄存款	438.56	473.25	517.44	573.48
不纳入广义货币的存款	1 490.34	1 523.11	1 642.03	1 868.93
可转让存款	885.90	882.89	916.49	999.48
其他存款	604.45	640.22	725.53	869.46
其他负债	0.00	0.00	0.00	0.00
对中央银行负债	0.00	0.00	0.00	0.00
对其他存款性公司负债	1 673.47	1 533.10	1 388.30	1 212.89
对其他金融性公司负债	532.37	597.79	506.31	531.51
其中：计入广义货币的存款	0.00	0.00	0.00	0.00
国外负债	2 861.69	2 996.81	3 109.44	3 341.68
债券发行	0.00	0.00	0.00	0.00
实收资本	1 425.16	1 430.25	1 482.66	1 515.15
其他负债	2 050.98	2 284.86	2 500.34	2 737.21
总负债	**15 232.92**	**16 143.44**	**17 112.18**	**19 016.15**

数据来源：中国人民银行。

附表 2－14　2010 年城市信用社资产负债表

（季末余额）

单位：亿元

项　　目	第一季度	第二季度	第三季度	第四季度
国外资产	0.00	0.00	0.00	0.00
储备资产	43.54	33.25	18.76	11.90
准备金存款	40.94	31.68	17.59	10.92
库存现金	2.61	1.57	1.17	0.98
对政府债权	8.51	4.34	5.27	4.03
其中：中央政府	8.51	4.34	5.27	4.03
对中央银行债权	0.51	0.51	3.21	3.21
对其他存款性公司债权	42.67	37.77	32.26	17.77
对其他金融性公司债权	0.21	0.01	0.98	0.00
对非金融性公司债权	139.76	104.71	68.44	50.89
对其他居民部门债权	48.92	33.18	31.43	16.91
其他资产	58.49	45.81	23.56	11.26
总资产	**342.61**	**259.58**	**183.90**	**115.97**
对非金融机构及住户负债	297.76	227.44	152.07	96.75
纳入广义货币的存款	297.74	227.43	152.04	96.73
企业活期存款	72.21	64.01	38.09	16.45
企业定期存款	19.41	16.88	14.16	8.98
居民储蓄存款	206.12	146.54	99.79	71.31
不纳入广义货币的存款	0.00	0.00	0.00	0.00
可转让存款	0.00	0.00	0.00	0.00
其他存款	0.00	0.00	0.00	0.00
其他负债	0.02	0.01	0.04	0.01
对中央银行负债	0.00	0.00	0.00	0.00
对其他存款性公司负债	14.00	6.44	11.56	6.21
对其他金融性公司负债	1.11	1.27	0.70	0.54
其中：计入广义货币的存款	0.00	0.00	0.00	0.00
国外负债	0.00	0.00	0.00	0.00
债券发行	0.00	0.00	0.00	0.00
实收资本	11.61	10.95	8.88	5.75
其他负债	18.13	13.47	10.68	6.73
总负债	**342.61**	**259.58**	**183.90**	**115.97**

数据来源：中国人民银行。

附表 2－15　2010 年农村信用社资产负债表

（季末余额）

单位：亿元

项　　目	第一季度	第二季度	第三季度	第四季度
国外资产	1.29	1.74	2.18	1.89
储备资产	7 352.95	7 278.17	7 318.47	10 191.25
准备金存款	6 497.38	6 434.61	6 406.93	9 474.45
库存现金	855.57	843.56	911.54	716.80
对政府债权	670.05	721.34	771.42	742.99
其中：中央政府	670.05	721.34	771.42	742.99
对中央银行债权	113.29	129.32	187.24	128.51
对其他存款性公司债权	8 372.24	8 288.71	8 813.04	8 353.12
对其他金融性公司债权	836.54	858.55	880.85	1 164.34
对非金融性公司债权	17 216.29	17 567.10	17 730.33	17 511.84
对其他居民部门债权	17 364.24	18 326.09	18 870.25	18 504.48
其他资产	3 181.71	3 202.39	3 330.08	3 607.90
总资产	**55 108.61**	**56 373.41**	**57 903.85**	**60 206.32**
对非金融机构及住户负债	46 955.76	47 695.33	48 862.40	50 563.73
纳入广义货币的存款	46 925.60	47 655.81	48 818.88	50 500.49
企业活期存款	8 370.06	8 751.32	9 325.70	10 083.20
企业定期存款	1 830.07	1 916.15	2 046.73	2 029.78
居民储蓄存款	36 725.47	36 988.34	37 446.46	38 387.51
不纳入广义货币的存款	3.46	4.62	4.89	6.13
可转让存款	0.73	1.10	1.01	1.32
其他存款	2.73	3.52	3.88	4.81
其他负债	26.70	34.89	38.62	57.11
对中央银行负债	577.18	732.03	766.76	780.80
对其他存款性公司负债	2 156.23	2 318.39	2 428.46	2 403.10
对其他金融性公司负债	350.68	327.18	262.44	204.94
其中：计入广义货币的存款	0.00	0.00	0.00	0.00
国外负债	0.00	0.00	0.00	0.30
债券发行	0.10	0.10	0.10	0.10
实收资本	1 916.89	1 936.89	1 959.16	2 152.07
其他负债	3 151.75	3 363.48	3 624.53	4 101.28
总负债	**55 108.61**	**56 373.41**	**57 903.85**	**60 206.32**

数据来源：中国人民银行。

附表 2-16　2010 年财务公司资产负债表

（季末余额）

单位：亿元

项　　目	第一季度	第二季度	第三季度	第四季度
国外资产	177.05	41.99	48.70	71.81
储备资产	1 113.42	1 274.09	1 345.74	1 584.91
准备金存款	1 113.38	1 274.05	1 345.70	1 584.89
库存现金	0.04	0.04	0.04	0.03
对政府债权	209.06	194.88	210.19	203.53
其中：中央政府	209.06	194.88	210.19	203.53
对中央银行债权	2.05	0.00	0.50	0.97
对其他存款性公司债权	4 583.36	4 726.11	5 453.24	5 348.66
对其他金融性公司债权	199.14	191.98	223.23	289.67
对非金融性公司债权	6 313.53	6 762.40	6 913.34	7 435.88
对其他居民部门债权	111.62	132.73	148.89	162.65
其他资产	427.43	409.06	424.33	440.95
总资产	**13 136.65**	**13 733.24**	**14 768.17**	**15 539.04**
对非金融机构及住户负债	10 079.95	10 755.48	11 597.14	12 403.74
纳入广义货币的存款	9 596.38	10 291.17	11 051.15	11 839.05
企业活期存款	4 999.02	5 071.77	5 496.04	6 376.84
企业定期存款	4 597.36	5 219.40	5 555.11	5 462.22
居民储蓄存款	0.00	0.00	0.00	0.00
不纳入广义货币的存款	477.08	458.29	539.91	558.06
可转让存款	205.43	240.70	309.71	339.68
其他存款	271.65	217.60	230.20	218.38
其他负债	6.49	6.02	6.08	6.63
对中央银行负债	3.48	7.79	5.79	7.20
对其他存款性公司负债	543.67	475.44	510.29	458.94
对其他金融性公司负债	231.83	87.75	92.50	65.59
其中：计入广义货币的存款	3.60	3.32	0.92	1.12
国外负债	14.53	22.50	23.90	24.23
债券发行	374.27	373.41	374.22	321.40
实收资本	977.71	1 050.42	1 118.09	1 196.17
其他负债	911.22	960.44	1 046.23	1 061.77
总负债	**13 136.65**	**13 733.24**	**14 768.17**	**15 539.04**

数据来源：中国人民银行。

附表2－17　证券市场概况统计表

年　份	2004	2005	2006	2007	2008	2009	2010
境内上市公司数（A股、B股）（家）	1 377	1 381	1 434	1 550	1 625	1 718	2 063
境内上市外资股（B股）（家）	110	109	109	109	109	108	108
境外上市公司数（H股）（家）	111	122	143	148	153	159	165
总发行股本（亿股）	7 149.43	7 629.51	14 897.57	22 416.85	24 522.85	26 162.85	33 184.35
其中：流通股本（亿股）	2 577.18	2 914.77	5 637.79	10 331.52	12 578.91	19 759.53	19 442.15
股票市价总值（亿元）	37 055.57	32 430.28	89 403.90	327 140.89	121 366.44	243 939.12	265 422.59
其中：股票流通市值（亿元）	11 688.64	10 630.51	25 003.64	93 064.35	45 213.90	151 258.65	193 110.41
股票交易量（亿股）	5 827.73	6 623.73	16 145.22	45 038.71	24 131.38	51 106.99	42 151.99
股票成交金额（亿元）	42 333.95	31 664.78	90 468.91	460 556.20	267 112.64	535 986.74	545 633.54
上证综合指数（收盘）	1 266.50	1 161.06	2 675.47	5 261.56	1 820.81	3 277.14	2 808.08
深证综合指数（收盘）	315.81	278.75	550.59	1 447.02	553.30	1 201.34	1 290.87
投资者账户（万户）	7 215.74	7 336.07	7 854.00	13 887.02	12 363.89	14 027.88	15 454.03
平均市盈率							
上海	24.23	16.33	33.38	59.24	14.86	28.73	21.61
深圳	24.63	16.36	33.61	72.11	17.13	46.01	44.69
平均换手率（%）							
上海	288.71	274.37	46.31	37.77	392.52	499.41	197.61
深圳	288.29	316.43	55.95	42.35	469.11	793.27	557.46
国债发行额（亿元）	6 923.90	7 042.00	8 883.00	23 139.10	8 558.20	17 927.24	19 778.30
公司债发行额（亿元）	327.00	2 046.50	3 938.00	5 181.00	8 723.40	16 599.30	16 094.45
债券成交量（万手）	504 218.50	283 714.36					
债券成交额（亿元）	50 323.50	28 367.85					
国债现货成交金额（亿元）	2 966.46	2 780.63	1 540.71	1 200.59	2 122.52	2 085.10	1 661.64
国债回购成交金额（亿元）	44 086.61	23 621.17	9 092.77	18 345.08	24 268.65	35 475.87	65 877.79
证券投资基金只数（只）	161	218	301	346	439	557	704
证券投资基金规模（亿元）	3 308.79	4 714.18	6 020.09	22 339.84	19 403.25	26 767.05	25 200.75
证券投资基金成交金额（亿元）	728.58	773.15	1 909.68	8 620.10	5 831.06	10 249.58	8 996.43
期货成交总量（万手）	30 569.76	32 287.41	272 098.56	71 565.57	136 396.00	215 751.76	313 368.83
期货成交额（亿元）	146 935.32	134 463.38	209 533.78	400 733.30	719 173.35	1 305 142.92	3 080 592.40

数据来源：中国证监会。

附表 2－18　股票市值与 GDP 的比率

单位：亿元，%

年　份	GDP	市价总值	比率	GDP	流通市值	比率
1994	48 198	3 691	7.66	48 198	965	2.00
1995	60 794	3 474	5.71	60 794	938	1.54
1996	71 177	9 842	13.83	71 177	2 867	4.03
1997	78 973	17 529	22.20	78 973	5 204	6.59
1998	84 402	19 506	23.11	84 402	5 746	6.81
1999	89 677	26 471	29.52	89 677	8 214	9.16
2000	99 215	48 091	48.47	99 215	16 088	16.21
2001	109 655	43 522	39.69	109 655	14 463	13.19
2002	120 333	38 329	31.85	120 333	12 485	10.38
2003	135 823	42 458	31.26	135 823	13 179	9.70
2004	159 878	37 056	23.18	159 878	11 689	7.31
2005	183 868	32 430	17.64	183 868	10 631	5.78
2006	211 923	89 404	42.19	211 923	25 004	11.80
2007	249 530	327 141	131.10	249 530	93 064	37.30
2008	300 670	121 366	40.36	300 670	45 214	15.04
2009	335 353	243 939	72.74	335 353	151 259	45.10
2010	397 983	265 422	66.69	397 983	193 110	48.52

数据来源：根据中国证监会、国家统计局数据整理。

附表 2－19　境内股票筹资额和银行贷款增加额的比率

单位：亿元，%

年　份	境内股票筹资额	银行贷款增加额	比率
1994	138.05	7 216.62	1.91
1995	118.86	9 339.82	1.27
1996	341.52	10 683.33	3.20
1997	933.82	10 712.47	8.72
1998	803.57	11 490.94	6.99
1999	897.39	10 846.36	8.27
2000	1 541.02	13 346.61	11.55
2001	1 182.13	12 439.41	9.50
2002	779.75	18 979.20	4.11
2003	823.10	27 702.30	2.97
2004	862.67	19 201.60	4.49
2005	338.13	16 492.60	2.05
2006	1 231.89	31 441.30	3.92
2007	8 431.86	36 322.51	23.21
2008	3 308.16	49 854.00	6.64
2009	3 923.52	96 290.18	4.07
2010	9 672.20	79 510.73	12.16

注：境内筹资额为 A 股、B 股筹资额。

数据来源：根据中国人民银行、中国证监会数据整理。

附表2－20　股票市场概况统计表

年　　份		2004	2005	2006	2007	2008	2009	2010
境内上市公司数(A股、B股)(家)		1 377	1 381	1 434	1 550	1 625	1 718	2 063
其中：ST公司数（家）		135	115			140	142	153
中小板公司数（家）		38	50	102	202	273	327	531
创业板公司数（家）							36	153
境内上市外资股（B股）（家）		110	109	109	109	109	108	108
其中：ST公司数（家）		20	15			20		
总发行股本（亿股）		7 149.43	7 629.51	14 897.57	22 416.85	24 522.85	26 162.85	33 184.35
其中：中小板总发行股本		32.23	56.14	143.21	339.64	591.60	794.13	1 366.74
创业板总发行股本							34.60	175.06
市价总值（亿元）		37 055.57	32 430.28	89 403.90	327 140.89	121 366.44	243 939.12	265 422.59
其中：中小板市价总值		413.43	481.15	2 015.30	10 646.84	6 269.68	16 872.55	35 364.61
创业板市价总值							1 610.08	7 365.22
流通市值（亿元）		11 688.64	10 630.51	25 003.64	93 064.35	45 213.90	151 258.65	193 110.41
其中：中小板流通市值		119.96	185.29	723.63	3 823.66	2 672.68	7 503.57	16 150.32
创业板流通市值							298.97	2 005.64
成交量（亿股）	合计	5 827.73	6 623.73	16 145.22	45 038.71	24 131.38	51 106.99	42 151.99
	日平均	23.98	27.37	66.99	186.11	98.10	209.45	174.18
	中小板	59.16	130.30	296.78		1 189.26		4 055.35
	创业板	—	—	—	—	—	—	400.53
成交金额（亿元）	合计	42 333.95	31 664.78	90 468.91	460 556.22	267 112.64	535 986.74	545 633.54
	日平均	174.21	130.85	375.39	1 903.12	1 085.82	2 196.67	2 254.68
	中小板	822.63	1 203.92	3 071.55	16 173.66	16 637.28	48 273.52	85 832.42
	创业板	—	—	—	—	—	1 828.11	15 717.88

续表

年 份		2004	2005	2006	2007	2008	2009	2010
平均换手率（%）	上海	288. 71	274. 37	46. 31	37. 77	392. 52	499. 41	197. 61
	深圳	288. 29	316. 43	55. 95	42. 35	469. 11	793. 27	557. 46
平均市盈率	上海	24. 23	16. 33	33. 38	59. 24	14. 86	28. 73	21. 61
	深圳	24. 63	16. 36	33. 61	72. 11	17. 13	46. 01	44. 69
	中小板	31. 33	24. 49	42. 03	85. 07	24. 96	51. 01	56. 93
	创业板						105. 38	78. 53
上证综合指数	开盘	1 492. 72	1 260. 78	1 163. 88	2 728. 19	5 265. 00	1 849. 02	3 289. 75
	最高	1 783. 01	1 328. 53	2 698. 90	6 124. 04	5 522. 78	3 478. 01	3 306. 75
	月日	2004 - 04 - 07	2005 - 02 - 25	2006 - 12 - 29	2007 - 10 - 16	2008 - 01 - 14	2009 - 08 - 04	2010 - 01 - 11
	最低	1 259. 43	998. 23	1 161. 91	2 617. 02	1 664. 92	1 844. 09	2 319. 74
	月日	2004 - 09 - 13	2005 - 06 - 06	2006 - 01 - 04	2007 - 01 - 05	2008 - 10 - 28	2009 - 01 - 05	2010 - 07 - 02
	平均	1 482. 85	1 153. 55	2 302. 94	4 797. 17	2 707. 32	2 969. 10	2 810. 66
	收盘	1 266. 50	1 161. 06	2 675. 47	5 261. 56	1 820. 81	3 277. 14	2 808. 08
深证综合指数	开盘	377. 93	313. 81	278. 99	555. 26	1 450. 33	560. 10	1 207. 33
	最高	470. 55	333. 28	552. 93	1 567. 74	1 584. 40	1 240. 64	1 414. 64
	月日	2004 - 04 - 07	2005 - 03 - 09	2006 - 12 - 29	2007 - 10 - 8	2008 - 01 - 15	2009 - 12 - 04	2010 - 11 - 11
	最低	315. 17	237. 18	278. 99	547. 89	452. 33	557. 69	890. 24
	月日	2004 - 09 - 13	2005 - 07 - 18	2006 - 01 - 04	2007 - 01 - 05	2008 - 11 - 04	2009 - 01 - 05	2010 - 07 - 02
	平均	379. 43	282. 64	483. 28	1 252. 42	785. 83	1 050. 25	1 221. 15
	收盘	315. 81	278. 75	550. 59	1 447. 02	553. 30	1 201. 34	1 290. 87

数据来源：上海证券交易所、深圳证券交易所。

附表 2－21　中国债券发行情况汇总表

单位：亿元

年　份	国债			政策金融债券			次级债			企业债		
	发行额	兑付额	期末余额	发行额	兑付额	期末余额	发行额	兑付额	期末余额	发行额	兑付额	期末余额
1992	460. 78	238. 05	1 282. 72	55. 00	30. 00	143. 12	—	—	—	683. 71	192. 76	822. 04
1993	381. 31	123. 29	1 540. 74	—	34. 29	108. 83	—	—	—	235. 84	255. 48	802. 40
1994	1 137. 55	391. 89	2 286. 40	—	13. 54	95. 29	—	—	—	161. 75	282. 04	682. 11
1995	1 510. 86	496. 96	3 300. 30	—		1 708. 49	—	—	—	300. 80	336. 30	646. 61
1996	1 847. 77	786. 64	4 361. 43	1 055. 60	254. 50	2 509. 59	—	—	—	268. 92	317. 80	597. 73
1997	2 411. 79	1 264. 29	5 508. 93	1 431. 50	312. 30	3 628. 80	—	—	—	255. 23	219. 81	521. 02
1998	3 808. 77	2 060. 86	7 765. 70	1 950. 23	320. 40	5 121. 13	—	—	—	147. 89	105. 25	676. 93
1999	4 015. 00	1 238. 70	10 542. 00	1 800. 89	473. 20	6 447. 48	—	—	—	158. 20	56. 50	778. 63
2000	4 657. 00	2 179. 00	13 020. 00	1 645. 00	709. 20	7 383. 28	—	—	—	83. 00	—	861. 63
2001	4 884. 00	2 286. 00	15 618. 00	2 590. 00	1 438. 80	8 534. 48	—	—	—	147. 00	—	—
2002	5 934. 30	2 216. 20	19 336. 10	3 075. 00	1 555. 70	10 054. 10	—	—	—	325. 00	—	—
2003	6 280. 10	2 755. 80	22 603. 60	4 561. 40	2 505. 30	11 650. 00	—	—	—	358. 00	—	—
2004	6 923. 90	3 749. 90	25 777. 60	4 148. 00	1 778. 70	14 019. 30	918. 80	—	918. 80	327. 00	—	—
2005	7 042. 00	4 045. 50	28 774. 00	5 851. 70	2 053. 00	17 818. 00	966. 30	—	1 885. 10	2 046. 50	37. 00	—
2006	8 883. 30	6 208. 61	31 448. 69	8 980. 00	3 790. 00	23 008. 00	215. 00	—	2 100. 10	3 938. 30	1 672. 40	—
2007	23 139. 10	5 846. 80	48 741. 00	11 090. 20	4 133. 60	29 926. 80	376. 50	—	2 348. 50	5 181. 00	2 880. 90	7 683. 30
2008	8 558. 20	7 531. 40	49 767. 80	10 823. 00	4 063. 80	36 686. 00	724. 00		3 072. 50	8 723. 40	3 277. 84	13 250. 62
2009	17 927. 24	9 745. 06	57 949. 98	11 678. 10	3 745. 33	44 818. 83	2 746. 00	958. 20	4 860. 30	16 599. 30	4 309. 12	25 540. 80
2010	19 778. 30	10 043. 38	67 684. 90	13 192. 70	5 648. 37	52 363. 16	919. 50	469. 30	5 310. 50	16 094. 45	5 099. 23	36 318. 15

注：1. 自 2006 年起，次级债包括自 2006 年 9 月开始发行的资本混合债。

2. 表中企业债包括企业债（中央国债登记结算有限责任公司统计部分）、公司债、短期融资券、中期票据和中小企业集合票据。

数据来源：中国人民银行。

附表 2－22　中国保险业发展概况统计表

单位：亿元，%

项　目	2004 年	同比增长	2005 年	同比增长	2006 年	同比增长	2007 年	同比增长	2008 年	同比增长	2009 年	同比增长	2010 年	同比增长
保费收入	4 318.13	11.28	4 927.34	14.11	5 641.44	14.49	7 035.76	24.72	9 784.10	39.06	11 137.30	13.83	14 527.97	30.44
1. 财产险	1 089.89	25.36	1 229.86	12.84	1 509.43	22.73	1 997.74	32.35	2 336.71	16.97	2 875.83	23.07	3 895.64	35.46
2. 人身意外伤害	117.07	17.56	140.89	20.35	162.47	15.31	190.11	17.01	203.56	7.08	230.05	13.02	275.35	19.69
3. 健康险	259.88	7.42	312.30	20.17	376.90	20.69	384.17	1.93	585.46	52.40	573.98	－1.96	677.47	18.03
4. 寿险	2 851.30	6.81	3 244.28	13.78	3 592.64	10.74	4 463.75	24.25	6 658.37	49.17	7 457.44	12.00	9 679.51	29.80
赔款、给付	1 004.44	19.43	1 129.67	12.47	1 438.46	27.33	2 265.21	57.47	2 971.17	31.16	3 125.48	5.19	3 200.43	2.40
1. 财产险	567.52	19.15	671.75	18.36	796.29	18.54	1 020.47	28.15	1 418.33	38.99	1 575.78	11.10	1 756.03	11.44
2. 人身意外伤害	39.42	28.63	43.51	10.37	51.67	18.75	63.43	22.76	62.57	－1.35	63.92	2.15	71.39	11.69
3. 健康险	89.10	27.47	107.92	21.11	125.10	15.92	116.86	－6.58	175.28	49.99	217.03	23.82	264.02	21.65
4. 寿险	308.39	16.75	306.50	－0.62	465.41	51.85	1 064.45	128.71	1 314.98	23.54	1 268.74	－3.52	1 108.99	－12.59
营业费用	435.82	20.65	525.96	20.68	667.06	26.83	947.62	42.06	1 079.52	13.92	1 234.06	14.32	1 538.35	24.66
银行存款	4 968.78	9.21	5 241.43	5.49	5 989.10	14.26	6 516.26	8.80	8 087.55	24.11	10 519.68	30.07	13 909.97	32.23
投资	5 711.94	49.18	8 894.41	55.72	11 796.29	32.63	20 205.69	71.29	22 465.22	11.18	26 897.43	19.73	32 136.65	19.48
其中：国债	2 651.71	88.48	3 588.29	35.32	3 647.01	1.64	3 961.12	8.61	4 208.26	6.24	4 053.82	－3.67	4 815.78	18.80
证券投资基金	673.17	45.30	1 099.21	63.29	912.08	－17.02	2 530.46	177.44	1 646.46	－34.93	2 758.78	67.56	2 620.73	－5.00
资产总额	11 853.55	29.93	15 225.97	28.45	19 731.32	29.59	29 003.92	46.99	33 418.44	15.22	40 634.75	21.59	50 481.61	24.23

注：1. 保费收入、赔款给付、营业费用为年度数据。

2. 银行存款、投资、资产总额为年底数据。

数据来源：根据中国保监会网站提供数据整理。

附表 2-23　2007～2010 年全国非寿险保费收入构成

单位：亿元，%

险　种	2007	占比	2008	占比	2009	占比	2010	占比
车险	1 484.28	71.14	1 702.52	56.89	2 155.61	72.02	3 004.15	74.60
企财险	186.83	8.95	209.63	7.00	221.43	7.40	271.61	6.74
货运险	63.11	3.02	70.97	2.37	61.27	2.05	78.74	1.96
意外险	74.31	3.56	72.71	2.43	73.92	2.47	85.53	2.12
责任险	66.60	3.19	81.75	2.73	92.21	3.08	115.88	2.88
其他	211.35	10.13	308.67	10.31	388.46	12.98	470.98	11.70
合计	2 086.48	100.00	2 446.25	100.00	2 992.90	100.00	4 026.89	100.00

数据来源：中国保监会。

附表 2-24　2007～2010 年全国寿险保费收入构成

单位：亿元，%

险　种	2007	占比	2008	占比	2009	占比	2010	占比
人寿保险	4 463.44	90.19	6 658.09	90.74	7 457.22	91.57	9 679.31	92.18
其中：普通保险	1 002.71	20.26	983.66	13.41	961.56	11.81	948.17	9.03
分红保险	2 221.23	44.88	3 798.87	51.77	5 292.56	64.99	7 454.77	70.99
投资连结保险	393.83	7.96	425.03	5.79	147.90	1.82	152.82	1.46
意外伤害保险	115.80	2.34	130.85	1.78	156.13	1.92	189.83	1.81
健康保险	369.73	7.47	548.63	7.48	530.83	6.52	631.74	6.02
合计	4 948.97	100.00	7 337.57	100.00	8 144.18	100.00	10 500.88	100.00

数据来源：中国保监会。

附表 2－25　2010 年全国各地区保费收入情况表

单位：亿元

地　　区	原保险保费收入	财产保险	寿险	意外险	健康险
全国合计	14 527.97	3 895.64	9 679.51	275.35	677.47
广东	1 231.76	309.06	840.15	24.08	58.48
江苏	1 162.67	311.91	780.41	25.96	44.39
北京	966.46	212.30	676.49	13.70	63.97
上海	883.86	189.22	630.61	14.98	49.04
山东	876.22	241.57	569.50	18.55	46.59
河南	793.28	134.72	618.34	9.19	31.03
四川	765.77	191.56	522.64	17.28	34.29
河北	746.40	192.91	513.59	10.38	29.52
浙江	690.34	259.47	386.58	17.29	27.00
湖北	500.33	98.21	372.26	8.93	20.93
辽宁	453.81	118.58	306.04	6.18	23.02
湖南	438.53	100.70	305.70	9.83	22.31
安徽	438.25	119.62	295.51	5.74	17.37
山西	365.30	92.94	253.59	4.93	13.83
深圳	361.49	120.57	216.55	7.93	16.45
福建	346.07	99.89	217.89	7.79	20.49
黑龙江	343.22	71.86	254.49	4.93	11.95
陕西	333.81	85.42	228.65	6.10	13.64
重庆	321.08	65.96	235.77	7.72	11.63
江西	253.26	69.24	169.21	4.41	10.40
吉林	239.25	60.89	165.93	2.85	9.59
云南	235.68	94.22	117.41	8.10	15.95
内蒙古	215.54	96.27	106.59	4.50	8.18
天津	214.01	65.13	133.91	3.38	11.59
广西	190.94	65.76	110.08	5.96	9.13
新疆	190.92	63.00	108.60	4.93	14.39
青岛	153.85	49.55	92.85	2.28	9.18
大连	151.05	43.56	97.40	2.62	7.46
甘肃	146.34	38.82	98.98	2.66	5.88
宁波	144.06	66.20	70.99	3.05	3.82
贵州	122.63	46.92	67.70	3.72	4.29
厦门	77.55	28.20	43.74	1.59	4.02
宁夏	52.75	17.50	29.46	1.42	4.36
海南	47.95	17.85	27.25	1.09	1.76
青海	25.70	10.38	13.42	0.74	1.15
西藏	5.06	4.11	0.43	0.31	0.21
集团、总公司本级	42.81	41.58	0.82	0.26	0.15

注：集团、总公司本级是指集团、总公司开展的业务，不计入任何地区。

数据来源：中国保监会。

责任编辑：戴　硕　董　飞
责任校对：李俊英
责任印制：程　颖

图书在版编目（CIP）数据

中国金融稳定报告（Zhongguo Jinrong Wending Baogao）. 2011/中国人民银行金融稳定分析小组编.—北京：中国金融出版社，2011.5
ISBN 978-7-5049-5950-8

Ⅰ.①中…　Ⅱ.①中…　Ⅲ.①金融市场—研究报告—中国—2011　Ⅳ.①F832.5

中国版本图书馆 CIP 数据核字（2011）第 090770 号

出版发行　中国金融出版社
社址　北京市丰台区益泽路 2 号
市场开发部　（010)63266347，63805472，63439533（传真）
网上书店　http：//www.chinafph.com　（010)63286832，63365686（传真）
读者服务部　（010)66070833，62568380
邮编　100071
经销　新华书店
印刷　北京松源印刷有限公司
尺寸　210 毫米×285 毫米
印张　11
版次　2011 年 5 月第 1 版
印次　2011 年 5 月第 1 次印刷
定价　188.00 元
ISBN 978-7-5049-5950-8/F.5510